Margot Sikabonyi

Lara vuole essere felice

CAIRO

ISBN 978-88-309-0428-6
Prima edizione: novembre 2024

Sommario

LARA VUOLE ESSERE FELICE

Questo libro è per te

You're on a journey of discovery,
a search not to find yourself,
but to create yourself
from the pieces of your
broken past.
Go, love.
It's time.
Make something beautiful.

L.R. Knost

C'era una volta

C'era una volta,
o forse c'è sempre stata e sempre ci sarà, una giovane donna che s'innamora dell'amore. Ci si perde dentro fino a perdersi tutta lei, fino a che addosso non le rimane più nessuna traccia di identità, di chi è, cosa è, perché nel frattempo ha sfornato figli e torte. E dunque cosa fa, questa donna che si ritrova ad avere tutto quello che voleva e per ottenerlo ha sacrificato se stessa giungendo ora davanti alle macerie di quello che pensava essere stata una vita perfetta?

Questa è la storia di tutte le tante donne incontrate lungo la mia strada, alcune sorelle, altre conoscenti, passanti. Tutte le Donne che mi hanno ispirato a addentrarmi in un viaggio. Il viaggio di Lara. Perché quando siamo nella vita che abbiamo sempre voluto, ma non siamo felici, una domanda ce la dovremmo pur fare.

In questo viaggio, ogni fatto o evento è puramente inventato, nulla di ciò che è scritto qui esiste. Sono solo immagini incollate insieme dalle tante storie sentite.

Inizia ora il racconto... Un racconto di una favola che sembrava essere andata storta, ma che poi si rivela la più bella favola di tutte, quella di una donna che ha il coraggio di ricucire i suoi pezzi e trovare dentro a tutto quel rotto la sua verità.

PRIMA PARTE

Il trasloco

La torre

Inizio estate. Pioggia. Lara.

Lara pedala. Ma è come se fosse altrove. Un burattino, un manichino, un robot. La testa continua a impartirle compiti per evitare che sprofondi. Controllo. Deve mantenere il controllo, si dice. Fare le cose bene. Giuste. Tutte giuste. Arriva al parcheggio di casa. Lega la bici. Sale al quarto piano. Fuori continua a piovere. Nuvole nere. L'acqua non fa in tempo a toccare terra che è già afa, una sensazione pesante e appiccicosa di umidità che avvolge Torino come una coperta di asfalto. Un'immagine di mare e spaghetti alle vongole le attraversa la mente. Una ventata di nostalgia. Napoli. Posillipo, Mare Chiaro. Il cicaleccio rilassato della gente che sembrava non avere altro da fare che passeggiare e chiacchierare, fermarsi e chiacchierare e poi ricominciare. *Tutti 'a mare*. Quelle parole che se dette insieme veloci sentivi: Amare. Quanto amava Lara il mare. Oggi invece nuotava nello sconforto della città. Cemento fuori e dentro. Una manciata di sabbia in pancia e nulla più.

Nell'aprire la porta blocca i pensieri, in attesa che le sue bimbe le corrano incontro schiamazzando come sempre. E invece viene accolta dal silenzio. Sembra quasi che in casa non ci sia nessuno. Le gemelle – un regalo così grande da essere stato quasi ingombrante – nei loro sei anni prossimi ai sette sono due bimbe completamente diverse l'una dall'altra: Alice, il giorno, una presenza di luce, sensibile e solare; Alina, un muro di no, senza paura, pungente come una notte stellata.

Piano piano il silenzio sedimenta e lascia trapelare, dalla stanza in fondo al corridoio, il suono tranquillo, quasi sussurrato, di un pomeriggio infantile. Lara segue le voci e si ritrova nella cameretta, le pareti celesti, l'arredamento montessoriano, un arcobaleno dipinto sul muro, i lettini bassi, raso terra, in legno naturale. Le bimbe, sedute sul bianco tappeto morbidoso, nei loro vestitini à la page, sono quasi perfette. Sally, la tata, seduta di fronte, è intenta a costruire con i cubi colorati una torre sempre più alta. Loro, ferme, come due architette in visita a un cantiere, la guardano commentando a bassa voce il suo lavoro, con un certo distacco. Tutte e tre sembrano accordarsi alla stessa monotonia, che forse è solo tranquillità. Alina, di tanto in tanto, allunga alla tata i cubi di legno, come per farla contenta.

«Ciao bimbe.»

Le gemelle non si girano neppure.

Lara allora si avvicina con cautela. Si siede in mezzo a loro, sul tappeto. «Ciao tesorini, come state?» e schiocca dei baci sui loro capelli. Alice le si accascia addosso e l'abbraccia. Alina le dice: «Ciao mamma» con una voce appena appena metallica, lontana, e continua a tendere i blocchi verso Sally. Lara saluta la baby-sitter, preziosa come l'oro. La ama, non può certo dirglielo e forse non vuole ammetterlo, ma le è profondamente grata, e ne ha anche un po' paura, non sa come farebbe senza di lei. La tata è perfetta. Lara no. Sudamericana, Sally non lascia trapelare la sua verità. Quanti anni ha? Forse trenta o forse cinquanta, di sé racconta poco e niente, quasi che diffidasse di Lara e la tenesse a distanza. È apparsa come un miracolo quando le bimbe avevano quattro mesi, e alla sua calma Lara si è consegnata a peso morto.

«Eccomi, Sally, tutto bene?»

«Sì, signora, stavamo giocando.»

Non sono cieca, vorrebbe dirle Lara, irritata dalla propria inferiorità di fronte a tutta quella perfezione. E invece dice: «Per pranzo?».

«Le ho scritto che mancano le uova, ma le bambine non sono volute uscire stamattina.»

«Vado a prenderle io» dice Lara, con Alice ancora addosso. Fa per staccarsi ma la bambina non la molla: «No mamma, non andare, ti prego». Lara allora prova a fare la spigliata, la mamma divertente, efficiente, sorprendente, come si è sempre pensata: «Andiamo insieme al super?».

Alice salta e dice: «Sì!» accompagnando con gioia sincera l'entusiasmo un po' forzato della mamma. Al sentire la sorella, Alina si sveglia dal suo torpore sentenziando con aria ferma: «Vengo anch'io». E, alzandosi in piedi, dà un calcio alla torre perfetta, che si sgretola a terra in mille pezzi.

Madri

Mia madre me lo aveva detto.

Che noia quella frase. Quante volte l'abbiamo sentita: «Te l'avevo detto». Sì. Va bene, siete tutti bravi a dare consigli sulla vita degli altri. Ma guardate un po' come vivete voi. Pensate un po' ai vostri cocci rotti, alle strade sbagliate.

Ecco, purtroppo nella vita di mia madre la parola «sbagliato» non esiste. Mia madre le ha sempre fatte tutte giuste. E io, per non essere da meno, nella grande finzione che ho recitato negli ultimi anni, a mia madre non gliel'ho mai detta, la verità. Fino a quando non è stato troppo tardi.

Al supermercato

La porta a vetri si apre davanti a loro promettendo un sollievo dal caldo che sta montando impietoso. Al supermercato Lara vuole fare le cose per bene. A modo. Come vanno fatte. Il primo ostacolo è la sua borsa. Cerca disperatamente una moneta, pescando alla cieca tra fazzoletti, chiavi, biro senza tappo e scontrini della lavanderia. Quando la trova, la infila nel carrello, divide il manubrio a metà, una metà per Alice e una per Alina, e le invita entrambe a spingere.

Le bimbe, le braccia tese verso l'alto, come a inseguire il loro nuovo ruolo da grandi, si concentrano a tenerlo dritto. E incredibilmente, con l'allegra goffaggine dei bambini, ci riescono.

Un magico allineamento dei pianeti sprigiona un senso di armonia generale. La vita, per un attimo, sembra fluire, senza fatica. Lara è pronta a fare la spesa, si sente in controllo. Ed è una sensazione bellissima. Una droga inebriante per chi, quella sensazione, la insegue da una vita, come un faro, la promessa che poi alla fine tutto sarà come deve essere.

Inspira felice. Pensa a quanto siano brave le sue gemelline, a quanto sia semplice, in fondo, collaborare per un progetto comune.

Primo passaggio davanti all'ortofrutta, guarda bene le fragole, i lamponi, le more, e poi opta per i mirtilli. Passa davanti alle banane e sceglie quelle più mature, che piacciono a tutte e tre. Poi arriva al frigo degli yogurt e lascia la scelta alle bambine. Tutto fila liscio finché Alice non prende lo yogurt da bere con il personaggio di *Frozen*. Anche Alina lo vuole, ma con *Frozen* non ce n'è più, è rimasto solo quello di *Inside out*. Alina urla contro la sorella. Subito. Vuole Frozen anche lei. Alice urla di rimando, e le dà della copiona. Lara cerca un commesso a cui chiedere se per caso ci siano altri Frozen in magazzino.

Nessuno. Non trova nessuno. Neppure la sua amica che sta al banco dei salumi e formaggi. Oggi dev'essere il suo giorno libero. Il fresco dell'aria condizionata si scioglie di colpo in una cappa asfissiante e lei prende a sudare, sente un peso sul petto. Respira, ma l'aria non c'è. E allora finge. Con aria serena esclama, un po' impostata: «Bimbe, ma possiamo dividere lo stesso yogurt, che dite?». Urla più forti. Lara ammutolita, impotente. Avverte su di sé lo sguardo della signora anziana appena superata perforarle la schiena come una sentenza: «Madre inadeguata davanti all'ortofrutta». La paura di essere sbagliata si impossessa di lei, la travolge, come è sempre stato, fin da quando era bambina. Devo reagire, si dice. E le esce un «Basta!», forte come un grido d'aiuto. Le bambine continuano a urlare, mani contro mani si contendono fisicamente la preda.

Una lotta a chi tira di più. Alina scivola all'indietro e si porta giù il barattolino. Tutto per terra. E addosso ad Alina, che, vedendosi sporcata dallo yogurt ormai imbevibile, aumenta il volume.

Caos all'ortofrutta.

I responsabili del supermercato accorrono sul luogo del delitto. Una fila di occhiate su di lei e le sue bimbe che, in quanto madre, dovrebbe saper gestire. E invece panico. Allora Lara non ha alternative, e scoppia. Urla, più alto delle bambine, più alto di tutto. Senza neanche pensarci. Sente solo l'esigenza impellente di azzittirle e lo fa imponendosi con la potenza della voce. «Basta, smettetelaaaaaaaaaa!» grida afferrando i polsi delle gemelle e strattonandole una, due, tre volte, con una rabbia che non credeva di avere. Il suo basta è così forte che continua a rimbombare tra le ciliegie e i meloni ben dopo essere stato pronunciato.

Silenzio. Le bambine tacciono, come se qualcuno avesse spento l'interruttore. E la guardano stupefatte. Mamma Lara non aveva mai alzato la voce così, né usato così tanta forza. Ma mamma Lara oggi ha firmato il verdetto della separazione. Le tiene per i polsi e non ha nessuna intenzione di lasciarle andare. Non un altro fallimento, almeno la mamma la deve saper fare.

Lara, immobile, aspetta che tutti se ne vadano e poi riprende fiato con calma e con calma molla la presa sulle gemelle. Nel cervello ancora in fiamme avverte il gusto aspro della vittoria. Sente di avercela fatta. Di aver dimostrato al mondo che lei non è una fallita in tutto, che le figlie le sa tenere. Sa urlare. Sa farsi sentire, sa imporsi su di loro. Con la forza.

Non è forse quello che si aspettano gli altri?

Alice e Alina ora la seguono, sempre in silenzio, con una mitezza innaturale. La seguono in silenzio come due cuccioli impauriti, senza gioia. E la vittoria si trasforma subito in quello che è, una secchiata gelida. Lara sente il cuore che si fa pietra, indurito dalla tristezza delle bambine. Dalla sua tristezza di averle dovute schiacciare per fare bella figura su un pubblico di sconosciuti. Per non sentirsi addosso il chissà gli altri cosa staranno pensando di me. Cerca di alleggerire, ma ogni sforzo è finto, e vano. E le bambine lo sanno.

Lei – forse – la stoffa proprio non ce l'ha.

Stoffa

Da Napoli a Torino è una tratta frequente, spesso di sola andata. Qui al nord incontro tanti napoletani, irriconoscibili ormai nelle loro vesti di torinesi, ma poi mi chiedo sempre: «Se incontrassi questa donna in un bar a Napoli, a casa, come si comporterebbe? Nello stesso modo? O come me fingerebbe di essere quello che la città le chiede di essere?».

Quando scendo a Napoli mi sciolgo i capelli e lascio uscire tutto il napoletano rappreso e represso nei tacchi che amo indossare a Torino.

Si cambia rispetto ai luoghi. È come se i posti che abitiamo ci circondassero con richieste silenti. I posti, e anche i ruoli. E io non ero riuscita a stare al passo con la richiesta silente di cosa ci si aspetta da una madre. Perché se vuoi fare la madre devi essere perfetta. Sempre. Giusta. Ovvio. Su questo manco si scherza. Perfetta e giusta sempre e comunque, anche se non hai dormito, anche se non sai come si fa la mamma perché una scuola non c'è. Anche se la mamma te l'hanno raccontata in tanti modi e in nessuno ti ci sei mai trovata.

Si può fingere, sì, ma per quanto si può mantenere la finzione? Questa è la domanda. Io non ci sono riuscita. E ho fallito anche lì. Nel non riuscire a fingere di avere tutto sotto controllo. Di avere la stoffa.

Sulle punte

«È troppo anziano» si era detta guardandolo al loro primo appuntamento.

Lui aveva insistito a portarla a cena fuori. L'aveva vista ballare in un passo a due di cui Lara in effetti era molto fiera. Ballare non era stato facile per lei, che aveva una corporatura un po' più grossa rispetto alle sue colleghe tutte ossa e poco altro. Ma Lara amava la musica con ogni cellula del suo corpo, e quando attraversava sulle punte il palco illuminato si sentiva sulla vetta dell'Everest, o forse sul sole, a danzare toccando il cielo con un dito.

E questo amore sconfinato per la danza aveva fatto la differenza nella sua carriera di ballerina, che era andata bene. Decisamente bene.

Lavorava tanto a Parigi, dove, dopo gli studi, aveva deciso di rimanere, ma era amata e sostenuta dalla sua Italia che la guardava a distanza. Così come quell'uomo dall'altra parte del tavolo. Romano di nascita ma torinese di adozione, che amava la magica Roma come una figlia, che oltre che di calcio parlava di Van Gogh e della solitudine dell'artista, e che la faceva tanto ridere. E sentire al sicuro.

I suoi anni in più, tanti, le davano la sensazione che di lui ci si potesse fidare. Che alle cose difficili della vita, quelle in cui Lara si perdeva, ci avrebbe pensato lui.

Pedali

Stamattina mi tocca andare in Comune, a fare dei documenti. Pedalo e intanto dentro di me piove. Oggi di nuvole nemmeno l'ombra, questa pioggia è solo la mia. Piango, e intanto penso. Pensieri staccati dal corpo. Penso agli scatoloni che stanno arrivando dall'impresa di trasloco e che dovrò riempire con metodo, come mi ha detto Nora, grande esperta. Ha cambiato casa almeno sei volte, con una disinvoltura che io di certo non ho.

Nora mi ha detto di comprare un quaderno e di riempire le scatole con ordine buttando via quello che non uso più per non ingolfare la casa nuova. Poi mi ha detto che una volta finito lo scatolone devo scrivere sul quaderno il numero corrispondente. Sembra semplice ma non lo è. E avere un metodo mi fa sentire sicura.

Le bambine ancora non hanno capito cosa sta per succedere e io ho troppo paura di dirglielo. Anche perché, fino in fondo, non l'ho capito neanch'io. So soltanto che dovremo lasciare la casa a fine mese, e non solo non ho cominciato a inscatolare, ma non ho manco idea di dove andare.

La donna lucente

Era stata Nora a farle il nome di Alma, la donna lucente che parlava alla natura e in cambio ne ricavava pozioni magiche per curare le malattie dell'anima, del corpo e dello spirito. Glielo aveva fatto più e più volte, quel nome. Ma ora, mentre sono sedute al tavolino di casa, la sua amica del cuore, con cui ha condiviso tutto, anche croci e delizie, ha esaurito la pazienza e la prende di petto.

«Lo so, è brutto, è doloroso, ma non puoi farti sotterrare così. Basta Lara, piantala, datti una svegliata. Sei donna, sei madre, da milioni di anni siamo noi che prestiamo cura al mondo, siamo noi le sacrificate per il bene ultimo... Anche se prima non era così...» aggiunge, con un filo di tristezza.

Lara non riesce a reprimere un commento silenzioso a quella scoccata. Ma che ne sai tu di cura e di sacrificio, pensa, tu che ti sei protetta dall'esperienza di diventare madre, che non hai avuto il coraggio...

Nora, che alla famiglia ha sempre preferito la vita di artista libera, che dorme dove vuole e con chi vuole ed è sempre in tournée, interrompe il suo pensiero entrando di getto, come se si stesse ricordando di un fatto importantissimo e pericolosissimo: «L'hai letto il libro che ti ho regalato a Natale?» le chiede. Lara sospira, e rivede quel mappazzone che, tutta emozionata, l'amica le aveva portato insistendo che era un libro importante. «Un libro importante per te e per le gemelle: *Donne che corrono coi lupi*, Clarissa Pinkola Estés.»

Lara non aveva capito, aveva sorriso e lo aveva posato sul tavolino accanto alla tv. Dove era rimasto fino al trasloco, intonso. Mai aperto. La verità è che aveva subito pensato in cuor suo che non era una cosa per lei, ma per fricchettone che vogliono ballare nude nella foresta, mentre lei cercava una risposta immediata al suo dolore, e una soluzione a tutti i problemi logistici che le toglievano il sonno. E continuano a toglierglielo, avviluppandola in un tunnel di confusione e di dolore.

E ora l'amica sta cercando di aiutarla, con le buone e con le cattive. E dopo essersi ricordata del libro che lei non ha mai letto, le ripropone il nome di quella specie di sciamana che forse potrebbe darle una mano.

Quel pomeriggio, prima di salutarla per correre a prendere le gemelle, Lara si ritrova in mano un numero scritto su un pezzetto strappato della confezione di cereali: «Alma. Chiamala».

La mattina dopo una notte da dimenticare, Lara scrive ad Alma, le dice che è un'amica di Nora e che vorrebbe parlarle, che lei una cosa così non l'ha mai fatta, ma insomma, ecco, è pronta a darle una possibilità, perché sente di averne bisogno.

Alma risponde subito: «Certo, ho cinque minuti

ora, se vuoi ci sentiamo al volo così intanto capiamo quando e se iniziare».

Wow!, pensa Lara, è una donna moderna, tecnologica. Se l'aspettava in un bosco ad abbracciare alberi, incapace di usare WhatsApp. E invece.

«Pronto.»

«Ciao, sono Alma.» La voce ha una sfumatura calda, indecifrabile. Sa di legno, di vento, di frutta matura. Se la si potesse vedere, sarebbe una luce, gialla e leggera, come il fuoco che scoppietta nel camino.

Lara è nervosa, ma si tuffa in questa nuova avventura quasi suo malgrado, come fosse tirata da un invisibile filo. «Sì, ciao Alma. Ecco, come ti dicevo, mi ha dato il tuo contatto Nora. E mi ha detto un pochino quello che fai anche se non credo di aver capito bene...»

«È molto semplice, Lara. Ti aiuto a sentirti, a ritrovarti, e a riportarti nel tuo Benessere.»

«Bello, sì... ma... in che senso?»

«Inizia a dirmi come stai.»

Lara fa un sospiro forte e lungo. «Eh... è un periodo davvero stressante della mia vita. Sto attraversando una separazione, con due bimbe piccole, e non so dove andrò a vivere, perché devo lasciare questa casa. E io non mi reggo in piedi, ma in piedi ci devo stare per forza. Per loro...»

Non pensava di lasciarsi andare così, al primo contatto... Ma forse aveva tenuto troppo, e ora tutto quel dolore premeva per uscire.

Mentre ripassa velocemente l'ultimo minuto, sorprendendosi della sua reazione, la voce calda di Alma la interrompe: «Bene Lara. Mi sembra che ci sia del lavoro da fare sul tuo campo energetico, che al momento percepisco molto molto debole, sei a sei quando invece dovresti essere almeno a dodici. Questo ti lascia vulnerabile e soggetta ad attacchi. Poi puliremo il campo energetico tra te e il tuo ex marito, andando a riportare armonia, perché tutto quello che non è armonia intorno a noi, nelle nostre relazioni, porterà disturbo di frequenza. E a volte potrà perfino farci ammalare».

Lara non sa che dire. Non si aspettava un intervento così diretto e insieme così ermetico. «Campo energetico? Attacchi? E come si fa?»

Vorrebbe subito la cura, l'algoritmo, la risposta per guarire seduta stante.

«Con calma, amore, pazienza e ascolto. Ti aiuterò io, ma tu dovrai fare il tuo.»

Lara non riesce a nascondere la delusione, ma ormai non si può più tirare indietro: «Sì, certo... E allora, quando cominciamo?».

Sabato alle 9.50 è già pronta davanti al pc per la videochiamata con Alma. Ha lasciato le figlie da una amichetta di scuola di Alina per la non gioia di Alice, e tornando nella casa senza bimbe ha riempito il vuoto facendosi la moka doppia, anche se non è il massimo per il suo colon irritato. «Come veleno» l'aveva messa in guardia Nikido, l'agopuntore giapponese.

Ma tanto, a questo punto, che importa?

Bevuto il caffè davanti allo schermo, ecco che arriva la chiamata di Alma.

Lara apre. Un attimo per connettere video e audio. E poi la vede. Avrà più o meno la sua età, qualche ruga in più, capelli scuri, sciolti, occhi buoni, sorriso fresco come quello di una bambina. Ecco, la sensazione è proprio quella di trovarsi davanti a una donna che si è mantenuta bambina, una donna felice, forse ancora capace di giocare. Alma la saluta. La sua dolcezza è solida, una dolcezza attiva. Lara sente che si può fidare, forse per questo si è lasciata andare così durante la telefonata iniziale. Alma la incoraggia a raccontarsi. Lara lo fa, subito, non ricorda esattamente cosa dice, ma dice cose che sono vere per lei, lì, in quel momento. Le parla della sofferenza, della fatica, del dubbio. Della paura di non essere giusta, che la massacra forse più di tutto il resto. È una sensazione insopportabile, che la insegue da sempre, da sempre le appanna la voce, e il cuore.

Alma a quel punto le chiede di dirle dove la sente nel corpo, di indicargliela. Lara si gela, non sa, perché il corpo non è più.

Allora la donna lucente le chiede di chiudere gli occhi, di fare respiri profondi. Di riprovare. Quella sensazione di non essere nel giusto, di aver sbagliato, quella sensazione che le ha appena descritto, dove la sente?

Lara respira. Come sa fare, dopo anni e anni di danza e di yoga. Chiede indicazioni alla testa, ma la testa insegue una soluzione logica e razionale, che non porta a niente.

Allora Alma la incoraggia: «Resta con gli occhi chiusi. Senza pensare o cercare. Ti metto una musica lieve, e tu se puoi le vai dietro, fai quello che senti, come vuoi, ma lasciati guidare. Ascolta».

Suono di tamburi, una sensazione di radici antiche, di foreste e di luna, immagini che si presentano veloci, e poi una voglia che nasce da dentro di muoversi, ondeggiare il corpo al ritmo della musica. Cosa che Lara non fa da tempo, l'ultima volta era su un palcoscenico. Da quando è diventata madre non si è più concessa quel lusso magico e felice di rendere il corpo strumento musicale. Lara accenna un movimento, esile, piccolo, timido. Alma insiste: «Vai, stai nel respiro e nella musica, e vai». Allora Lara aumenta il movimento, va con il ritmo e trasforma le anche in tamburo, i suoi piedi leggeri sulla terra sono una carezza di flauto, le mani disegnano le parole nell'aria. Lara, dopo tanto tempo, sente, ritorna a sentire. Il corpo si è riacceso. E piano piano acquisisce potenza.

«Bene, Lara. Continua così, non scappare, resta dove sei. Senti dove è lo sbagliato, dove vive nel corpo.»

Lara adesso sa, subito, chiede e il corpo risponde con una sensazione netta nel ventre, e poi nel petto.

Alma allora la invita a sedersi, e a mettere le mani lì dove ha sentito e a portarci dentro il respiro. Lara ubbidisce. E sgorgano lacrime. Sente il grumo che si trasforma in acqua.

Come leggendole nel pensiero, Alma commenta: «Il ventre è l'elemento acqua. Noi siamo questa generazione costante, e siamo fluide, ma l'acqua nel ventre non deve diventare stagna, devi lasciare che rifluisca e si rimetta in connessione con il cuore...».

A queste parole il pianto di Lara si fa cascata. All'improvviso, avverte la solitudine in un corpo a cui non è stato concesso di sentire. E in un cuore che non sa più dove nascondersi per paura. Lara riapre gli occhi, per oggi basta. Ha bisogno di rimettere gli argini.

Lo dice: «È troppo, Alma, fermiamoci qui».

Alma le sorride con dolcezza. E, prima di salutarla, le lancia una proposta: «Quando ti senti stanca o troppo pesante, troppo triste, fai dei bagni di lavanda e malva. E sciacquati il viso e il ventre con il miele...».

In quell'istante, senza alcun preavviso, Lara sente il freddo gelido della diffidenza ghiacciarle il sangue.

Ora, quello che per Alma è un epilogo naturale della pratica, per Lara è un pugno in faccia, un improvviso crollo del castello di carte.

Fermati, Lara, fermati, si dice. Torna qui. A casa tua, nel tuo macello di vita, che no, ascolta bene, non può cancellarsi con una cucchiaiata di miele.

Questo le dice la voce al centro della testa, che, tiranna, riprende possesso del suo corpo.

Off, le ordina, spegniti! Qui comando io, dobbiamo salvare Lara, non lanciarla senza difese nell'ignoto.

E così, tutto si rispegne, le luci del palcoscenico-vita, la scintilla di fuoco del cuore, l'acqua che fluiva nel ventre. Tutto. Fermo. Bloccato nella morsa del «controllo» che calma i dubbi e regala solo certezze. Apparenti, finte, certezze. Perché l'unica certezza che c'è è che tutto muta e cambia, l'unica certezza che c'è è che nulla è certo. Ma Lara, a questo punto della nostra storia, non è ancora pronta per saperlo.

Scatoloni

I giorni successivi mi lascio imprigionare dagli scatoloni in arrivo, dalle spiegazioni da dare alle bimbe, da dare a me stessa.

«Perché, mamma, dobbiamo mettere i nostri giochi nelle scatole?»

«Perché sì» rispondo fugace e ordino una pizza.

Di Alma e le sue pozioni nulla. Non rispondo al messaggio che mi ha mandato per fissare il prossimo appuntamento. Non so cosa dirle. Per qualche strano motivo non riesco a comunicarle che vorrei smettere, così come sono assolutamente certa di non voler continuare. Allora prendo la strada del silenzio e tuffo la testa nelle scatole. I trasportatori ne portano quaranta. Venti piccole e venti grandi. Sono gentili. Mi dicono di iniziare da quelle e poi, se ne ho bisogno di altre, di chiedere. Ci sarà un surplus da pagare ma questo lo vedranno dopo, ammicca il tipo.

Io, sì, voglio iniziare, devo iniziare. E lo faccio. Lo faccio la mattina quando le bimbe sono al parco con la tata. Meglio. Loro non devono vedere il crollo della loro vita, dell'impero di perfezione ridotto in macerie. Perché una vita si deve spezzare per entrare nelle scatole, penso. Da dove? Da dove inizio lo sfondamento? Che cosa tengo e che cosa porto con me?

«È essenziale disfarsi dell'inutile, butta quello che non usi o ti ritrovi la casetta nuova grondante di roba che non serve» mi aveva detto Nora, implacabile. Eppure, ogni cosa mi parla di noi, del nostro passato, del nostro sogno infranto. E ogni volta che scarto qualcosa, mi pare di infrangere quel sogno ancor di più.

Ecco, queste due voci si accavallano ora nel mio cervello. Una è la voce del «senza dubbio», della donna che ha un compito e lo porta a termine senza perdersi in bicchieri d'acqua, un approccio da soldatino che ho ricevuto in eredità da mia madre, leader indiscussa di concretezza dall'alto del suo studio immacolato di dentista della Napoli bene. L'altra voce invece è quella della malinconia, del legame che sento con ogni oggetto di quella casa. La testa contro il cuore, potremmo anche dire. Il cuore non vuole lasciare andare mentre la testa è senza cuore. Appunto. E io in mezzo.

Angeli e risate

In mezzo alle incertezze Lara deve decidere dove mettere quel libro, quel vaso, quel vestito. Dove mettere quelle scatole, se stessa, le bambine. La fine del suo matrimonio. E così prende la borsa, le chiavi, ed esce. Per strada l'aria di pioggia le porta conforto, come una promessa che in qualche modo, non si sa come, le cose prenderanno il loro corso. Si rifugia al supermercato per incontrare la sua nuova amica, se ieri non c'era oggi ci sarà, pensa fiduciosa. Attraversa a testa alta quelle porte da dove, ieri, le bambine erano entrate sorridendo e uscite cosparse di yogurt in faccia e sul cuore.

Lara non conosce il nome di questa ragazza dai capelli neri sempre raccolti in una coda, sempre senza trucco, ma bella. Aveva iniziato a parlarci pochi giorni dopo essersi trasferita nel quartiere. La ragazza era al bancone dei salumi e formaggi. Lara le aveva chiesto se avesse una toma dolce perché alle sue figlie piaceva solo quella. La ragazza allora aveva tagliato una fetta della più dolce che c'era e gliel'aveva regalata con un sorriso dicendole di provarla, che a lei piaceva molto.

Da quel giorno Lara ogni volta che andava al supermercato la cercava con lo sguardo. Ogni tanto c'era e ogni tanto no, dipendeva dai turni. Ma quando c'era, si fermava a parlare con lei. Scambi veloci, il tempo manca sempre, non si può neanche pronunciarne la parola. Ma quei fugaci incontri racchiudevano gemme di luce.

Quella ragazza accesa e luminosa, con il sorriso più grande della città, le aveva parlato di una forma di yoga che lei, nonostante gli anni di pratica, non aveva mai preso in considerazione. Scalfendo tutti i suoi pregiudizi, le sue presunzioni, le aveva gettato l'amo: «Hai mai provato lo yoga della risata?». E Lara, con le spalle al muro, si era irrigidita.

Le stava simpatica, certo, ma non poteva accettare che la ragazza dietro al banco dei formaggi e dei salumi le potesse insegnare qualcosa.

La ragazza, incurante dell'ego di Lara, aveva sorriso. E aveva continuato serena: «Io da quando lo pratico sto bene, ma di un bene profondo, un bene che apre le porte. Se non lo hai mai provato, provalo. Io mi metto lì e inizio. E rido, sì, perché funziona così. All'inizio ti forzi a ridere. E poi più ridi, più la risata arriva, e quando arriva la risata io la sento in tutto il corpo. Mi scuote tutta. Mi prende tutta. Quella risata la sento in ogni cellula, e più rido, più arriva, e più arriva, più spazza via la stanchezza, i dubbi e le incertezze». E mentre lo diceva, la ragazza del supermercato aveva iniziato a ridere. Rideva come se stesse riprovando quella gioia. Il sorriso luminoso, gli occhi lucenti. Lara non aveva potuto fare altro che ascoltarla. Lei non lo sapeva, ma quelle parole le erano arrivate dentro.

Quel giorno lì, di fuga dalle scatole, di fuga dalla guerra tra ragione e cuore, tra cuore e mente, tra la mamma di Lara, efficientissima, e la Lara bambina che sente tutto sulla pelle nuda, quel giorno lì Lara entra nel supermercato ed è felice di ritrovarsi davanti la sua amica che sa ridere. Da dietro il banco dei formaggi e dei salumi.

«Ciao, come stai?» le chiede la ragazza senza nome.

«Eh» risponde Lara. «Tu?»

«Ma bene, dai. E meno male che sei passata, ti devo dire una cosa pazzesca, che mi ha fatto pensare a te!»

«Davvero? E perché? Dimmi, sono curiosissima!» Intorno non c'è nessuno. Sono da sole al bancone dei salumi e formaggi.

«Ieri ho sentito una donna speciale alla radio. Parlava di angeli. Ha raccontato questa cosa bellissima, ma ci credi che mi è venuta la pelle d'oca? Stavo tornando a casa dal lavoro, ero in macchina, guidavo. Ho acceso la radio e sono rimasta colpita dalla sua voce. Raccontava di quando un Angelo le ha salvato la vita.»

«Un angelo? Ma ti pare?» Lara non riesce a trattenersi.

«Senti, è una cosa pazzesca. Era al mare da sola, era una brutta giornata, in spiaggia non c'era nessuno, e lei aveva appena litigato con un amico. Aveva il mare davanti in tempesta ma faceva caldo, sentiva la voglia di farsi un bagno, di lavarsi via la litigata, quindi entra in acqua. La corrente è forte e in un attimo si ritrova al largo, cioè non tocca più, come se da sotto i piedi qualcosa la risucchiasse. Prova a nuotare verso riva, ma il mare è più forte, la spinge fuori. Più lei cerca di tornare, più lui la allontana. Lei inizia ad avere paura, una paura forte nel cuore, non sa più cosa fare, a un certo punto scorge due persone, un uomo e una donna, che camminano sulla battigia. L'uomo la vede, le urla qualcosa, lei fa segno che è in pericolo. Lui è vestito, si toglie la maglietta ed entra nel mare senza pensarci. Il mare è fortissimo anche per un nuotatore come lui, ma la raggiunge e le dice di aggrapparsi e di nuotare in laterale.»

Lara ascolta, scettica e insieme incuriosita.

La ragazza del supermercato continua.

«L'uomo a poco a poco riesce a portarla a riva. Appena approda, lei si ferma a gattoni sulla spiaggia per riprendere fiato. Gli occhi gonfi di lacrime. Si rende conto che è appena stata salvata, che era sul punto di morire, di non esserci più. Alza lo sguardo, vuole ringraziare. Ma non c'è più nessuno. Nessuna traccia dell'uomo che l'ha salvata, nessuna traccia della donna che era con lui. La spiaggia è vuota, come quando era arrivata. Vaga con gli occhi finché non si posano su una piuma bianca vicino a lei. E in quel momento la donna, pur senza saperlo, capisce di essere stata salvata da un Angelo.»

La ragazza del supermercato racconta tutto questo con un sentire fortissimo. Dice che, secondo la donna della radio, ogni volta che si trova una piuma in un momento speciale, è un segnale degli angeli. Adesso lo sa, ne ha avuto la certezza.

Lara si intenerisce davanti alla ragazza del super, le sembra dolce e infantile, un po' credulona.

Oppure gli angeli esistono davvero?

La domanda è inevitabile. Il cervello è certo della risposta. Ma il cuore?

Influenza

La danza è un mondo stupendo, dà molto ma molto chiede, toglie, ruba. Le tournée sono massacranti, sempre per strada, in posti diversi, a vivere in una valigia, nelle cucine di alberghi e ristoranti che otto volte su dieci non fanno che aggravare la colite nervosa. Quella da cui ormai neppure un mago come Nikido la sa liberare. Un mestiere stupendo e solitario, quello del ballo, dove casa la vedi poco e niente e dove gli applausi diventano la tua famiglia, l'unico calore che conosci per mesi. Dove sei un alieno in un palco-astronave, più in alto rispetto al pubblico, su di un piedistallo, che è bello, sì, ma ti tiene anche lontano dagli altri e da te stesso.

Lei si era consegnata alla sua passione *anema e core*, e poi, di colpo, aveva chiuso. Ma il distacco da se stessa non era riuscita a evitarlo neppure nella sua nuova vita, dove aveva voluto fare la prova della «mogliettina» perfetta. Aveva in testa questa immagine di sé sorridente con addosso il grembiule che cucina piatti buonissimi in una casa tutta carina. Proprio come nei film che l'avevano cresciuta da bambina.

E invece.

Nulla di tutto questo era successo, tanto meno dopo la nascita delle sue, di bambine. Il quadretto della casalinga felice si era rivelato un'illusione. Lara non era così brava a cucinare, e la gioia di prendersi cura della casa l'aveva abbandonata dopo qualche giorno, quando si era seduta sul divano e guardandosi in giro aveva constatato con sconforto che lei quel tocco proprio non ce l'aveva.

E dunque? Che fare? Aveva sentito parlare di sue colleghe che avevano smesso come lei di danzare per dedicarsi alla famiglia e avevano deciso di raccontarlo al pubblico attraverso i social. Così ci aveva buttato un occhio anche lei. La cosa le era parsa quasi grottesca: postavano foto di loro che si vestivano, chiedendo ai follower il loro parere, giravano video mentre facevano la spesa sulle punte e domandavano al pubblico se comprassero le stesse cose, consigliando prodotti inverosimili che giuravano di usare sempre. Una condivideva una storia di una lavatrice da urlo che le aveva cambiato la vita, l'altra l'immagine dell'aspirapolvere sensazionale che era diventato il suo migliore amico. E poi foto al mare, in montagna, del cibo che stavano per mangiare, abbracciate ai loro figli, a letto mentre baciavano i loro mariti, in *plié*. Anche troppo, aveva pensato Lara, e così aveva messo via il telefono e si era alzata a sfornare i biscotti.

E, in quel momento, giù uno starnuto. Speriamo non sia influenza, si era detta, il marito l'aveva avuta qualche giorno prima, e tutta Torino sembrava in preda al virus…

La telefonata, troppo strana per essere vera, le era arrivata due settimane dopo. Un suo amico dell'ufficio stampa le aveva detto che c'era un agente di influencer che voleva parlarle. Come se le avesse letto nel pensiero.

La sera stessa la chiamò Raffaele. Dopo averla riempita di complimenti – l'aveva vista a teatro qualche anno prima e l'aveva trovata incantevole – arrivò la domanda a bruciapelo: «Te la sentiresti di raccontare la tua vita sui social? Ci hai mai pensato? Secondo me saresti una bomba... In quanto ex ballerina potresti parlare di danza, di musica, ma anche di stile di vita sano, come ti mantieni in forma, cosa mangi, come ti alleni, e poi anche lo yoga... Tu pratichi, vero? Lo yoga ora è ovunque, è come il prezzemolo...».

Silenzio. Giusto quell'attimo che permise a Lara di riordinare le idee. «Sì, certo, ci ho pensato. E poi mi sono spaventata. Non credo di essere in grado di mettere la mia vita in mostra, darla in pasto al mondo perché la commenti e la giudichi.»

Raffaele non si prese nessun momento di silenzio, non doveva pensare alla risposta, lui la risposta ce l'aveva pronta lì, da tempo, che strano: «Cara, ma tu non devi raccontarti come non vuoi essere raccontata, devi restare integra rispetto a chi sei. Io non cerco la solita influencer che fa quello che fanno tutti, io cerco persone vere che hanno voglia di raccontarsi nella loro verità».

Questa cosa a Lara piacque.

«Il mercato ora è interessato a questi profili, di influencer tradizionali ne hanno già tutti abbastanza.»

Lara a questo punto non sapeva che dire. Sentiva

dentro di sé il bruco della voglia di fare altro oltre alla casalinga, un bruco che le saliva dalla pancia alla gola.

«Devo pensarci» disse.

«Certo» rispose lui. «Pensaci, e quando sei pronta per parlarne prendiamoci un caffè, sarei comunque felice di incontrare una bravissima artista.»

E bravo Raffaele, pensò Lara, le parole giuste da dire. Sei riuscito a conquistarmi e ora hai la mia attenzione.

Poi anche Raffaele si prese l'influenza e l'appuntamento che avevano fissato fu rimandato, finché non si videro due settimane dopo, in un bar del centro.

Lara uscì dall'incontro con una nuova direzione. E con un nuovo agente, che le chiedeva di essere se stessa, di condividere con i follower il suo stile di vita semplice e sano, di diventare un punto di riferimento per altre donne, farle sentire meno sole.

Fuori dal caffè, la città era come sempre indaffarata. Adesso lo era anche Lara.

In verticale

Ho preso il telefono. L'ho posizionato alla finestra. Ho provato in cucina perché volevo parlare del pane e mostrare come lo impasto. Ma lì c'era una luce orribile che mi segnava il viso e mi faceva sembrare troppo stanca. Ho cercato altri punti della cucina. Ma niente. Non sapevo dove appoggiarlo. Alla fine sono uscita dalla cucina e mi sono accorta che in salone c'era una luce bellissima. Allora mi sono appostata lì. Ho appoggiato il cellulare alla cornice della porta finestra e mi ci sono seduta davanti. Ho acceso il video. Vedevo la mia immagine nello schermo e andava molto meglio. Allora ho iniziato a parlare. Ho detto chi ero e perché ero lì, che avrei iniziato questa avventura di raccontarmi. Ho deciso di chiudere con una battuta per essere simpatica, ho detto: «Aiutatemi che per me qui è tutto nuovo!». Ecco, ho fatto come quelle che chiedono i consigli, perché Raffaele mi ha parlato di engagement, *di renderli partecipi e attivi… E allora ho lanciato questa cosa, che sono riuscita non so come a pubblicare. L'ho riguardata mentre si riproduceva ripetutamente davanti a me e ho scoperto che ne ero or-*

gogliosa. Un bel modo di iniziare. Non era facile, la luce, come tenere in piedi il telefono, e poi fare un video in cui mi riconoscessi e in cui dicessi non troppe stronzate, ma cose divertenti e profonde che non mi staccassero da quella che sono. Ero felice di me.

Sono tornata al pane e non ho fatto in tempo a mettere le mani in pasta che è arrivata la chiamata da Raffaele, ho risposto pronta a prendermi i complimenti. E invece, tutto di fretta, mi ha chiesto per favore di cancellare la storia e di rifarla in verticale perché il formato orizzontale che avevo usato non andava bene. È vero, me lo aveva detto, ma io quell'informazione, tra le altre mille che avevo ricevuto quel giorno quando ci eravamo presi il caffè, l'avevo dimenticata.

Mi dice: «Rifallo al volo così come lo hai fatto che era perfetto ma in verticale».

«Ok» dico io.

Ho chiuso abbattuta. Lui non aveva idea di quanta fatica mi fosse costato fare quel video, che per me era perfetto. Ho cancellato. Sono andata alla finestra. Ho ripiazzato il telefono, in verticale, mi ci sono seduta davanti. E ho rifatto la storia cinque volte perché le parole uscivano finte e io lo sentivo. E quando riguardavo il video mi volevo sotterrare, ho rifatto ma non sono riuscita. Ho scritto a Raffaele che riprovavo dopo. E sono tornata a impastare.

I will survive

Il pane, al super, non lo ha preso perché quello che fa a casa è molto più buono. Le borse che pendono dalla bici rischiano di infilarsi nei raggi delle ruote e farla cadere. Dovrei fermarmi, pensa, sistemarle meglio, ma quella mattina il cielo, nonostante il caldo, sembra più limpido del solito e anche dentro di sé Lara avverte una schiarita.

Sarà il tempo, sarà la chiacchierata sugli angeli, sarà la fatica di vivere nel dolore, ma stamattina Lara si sente felice. È stato il sorriso della sua nuova amica dai capelli neri e gli occhi svegli a metterla di buon umore. O le strade di una città che si sta svuotando, lo sferragliare dei tram che sembra quasi allegro, la guglia della Mole intravista in fondo alla strada. Adesso sta pedalando più veloce, passa davanti al takeaway indiano, alla vecchia pasticceria, all'edicola chiusa ormai da anni. Attraversa l'incrocio.

Quando si ferma, i sacchetti rischiano di sbilanciarla ma lei ritrova in un attimo l'equilibrio e li recupera al volo. Che riflessi!, pensa soddisfatta. Per una volta si sente leggera, forse non del tutto giusta ma in qualche modo intera.

Lega la bici, sale in casa, apre la porta senza l'angoscia che la prende ogni volta che, fatto un passo dentro al salone, lo vede sottosopra. Come il suo cuore. Come la sua vita. Ora sa che, se vuole, può respirare, può uscire a pedalare, può incontrare le sue amiche, può sopravvivere, come canta Gloria Gaynor appena sente che c'è qualcuno pronto a ballare. Ora guarda le sue cose, frammenti di vita sparsi sul tappeto, in corridoio, sopra la cucina, sotto al letto, e si dice che ce la può fare. Se quella ragazza del supermercato, che non ha tutto quello che ha lei ed è costretta ad affettare salumi e tagliare formaggi per campare, ha il coraggio di trovare il sorriso e la serenità, anche lei può, anzi deve trovare il coraggio di affrontare l'inaffrontabile: basta piangersi addosso, è ora di inscatolare.

Spazio

Dal salone. Le camere no perché ci dormiamo, e la cucina no perché ci mangiamo. Il salone. Luogo abbastanza neutro. Sì, inizio da qui. Vado alla libreria. Tanto i libri non li legge mai nessuno. Più. Quasi più. Tranne quelli che leggo alla sera alle bimbe. Primo libro, sto per metterlo con impeto deciso nella scatola, ma guardo per sbaglio la copertina. È il libro della cacca. Questo lo leggevo sempre alle gemelle quando erano piccole piccole e io non sapevo come spannolinarle. Quanto amavano quel libro, le sue pagine consumate dal tempo…

No, non posso metterlo via, le mie mani si fermano. Lo riappoggio nella libreria. Questo forse lo vorranno rileggere in questo mese e mezzo prima del trasloco.

Ma che dici Lara? Le bimbe hanno sei anni! Per cortesia, metti questo libro tra i libri da regalare, ti ricordi cosa ti ha detto Nora?

Sì, è vero. Devo essere decisa. Ma questo libro non lo so toccare. Le scatole possono aspettare.

SECONDA PARTE

Nel bosco

La proposta

Jacques Reve, si chiamava così. Raffaele l'ha chiamata per darle la grande notizia: «Ti avevo detto che partecipare a quell'evento online ti avrebbe aiutata! Adesso sei diventata una wellness influencer!».

L'ufficio stampa del grande guru le proponeva di assistere alla meditazione che lui avrebbe condotto nella Foresta delle Vergini, nel cuore dei Sacri Monti del Piemonte e della Lombardia, vicino al famoso Santuario della Madonna del Sasso, e di raccontarla attraverso i suoi canali social.

«Bell'affare» pensò Lara quando mise giù. «Mi pagano per andare a meditare. Ma poi chi è 'sto Jacques Reve?»

La sua agenzia gliel'aveva nominato come se fosse il maestro più famoso del mondo, e lei, per non sgretolare la sua immagine di donna giusta, votata alla salute e al benessere, al passo coi tempi, aveva dato la sua disponibilità fingendo entusiasmo.

Ricerca Google di Jacques Reve:

All'anagrafe Giacomo Rivascotti, nato a Gubbio

> nel 1972. Trova la via dello spirito in una passeggiata tra i boschi umbri. Fa la vita dell'eremita per dodici anni in una chiesa sconsacrata e poi per dieci in un monastero nel Nord della Francia, dove riceve il suo nome dalle monache del Sacro Cuore della Vergine di Angus. Da allora Jacques Reve porta i suoi insegnamenti nel mondo sotto forma di meditazioni guidate, generalmente svolte in ambienti naturali quali boschi e foreste. Ha scritto sette libri sul potere della meditazione e la via pratica della consapevolezza attraverso la natura che lui definisce: «La più alta delle verità».

Lara si appoggia allo schienale della sedia vintage di legno bianco presa al Balôn. Osserva l'albero davanti alla finestra, le foglie sono verdi ma paiono morte. Il piccolo fusto che le tiene su sembra aver bisogno di una stampella, le radici conficcate nel cemento esalano malessere, come se da sole non riuscissero a dare forza a quell'essere così solo in quella città. Lara guarda, e pensa, pensa al verde del bosco dove andrà a incontrare Jacques Reve. Ripassa il suo calendario, le tocca trovare qualcuno che si occupi delle bambine mentre lei non c'è. Come fa una mamma, a giugno, a incastrare figli e lavoro? Una mamma come Lara chiama la tata. Una telefonata. E il gioco è fatto.

Wellness influencer

Farò bene ad andare? A lasciare le gemelle? Ne ho davvero voglia? Riesco a prendere distanza, anche solo per due giorni? Me lo merito, questo spazio nel mezzo del caos della mia vita? Non ho ancora neanche iniziato a inscatolare. Me lo merito di lasciare la trincea e di concedermi questa cosa frivola di fare l'influencer? A casa tutto cade e precipita, e io vado come se nulla fosse a fare video di me che medito tra gli alberi… Ma poi che vuol dire «wellness influencer»?

Il dio capra

L'agriturismo Fontenuova è odore di legna che brucia nel camino, notte che cala su una casa incastonata tra due monti, albero enorme che la protegge come fosse un morbido cappello. Distesa d'erba davanti, pergola con uva, stelle che pungono il cielo terso e pulito. Fresco nell'aria che sa di buono, di bello. Lara appoggia la valigia a terra e rimane qualche istante a respirare quella visione. È tutto così giusto. Sente scorrere una vena dietro la schiena come un fiume in piena. Perché quello che avverte lì è un giusto diverso dal giusto che cercava in città, intrappolata nella frenesia del fare e del controllo.

Un cane esce dalla porta appena aperta e le va incontro abbaiando. Lara si desta e vede dietro di lui una figura strana. Un uomo-roccia, orso, o forse albero. Ne distingue solamente la forma, una montagna che si muove, con in cima una testa luminosa da cui si vede la luna. Un grosso uomo pelato, stivali da campagna, camicia a scacchi. Più si avvicina, più coglie i dettagli. Sorriso aperto, sorriso buono e sicuro. Occhi dritti che guardano senza timore. Lara non sa se scappare da quella figura imponente in arrivo, un po' uomo delle nevi e un po' orco.

È quello il signor Reve? Se lo aspettava completamente diverso. Alto sì, ma magro, curato, con folti capelli luminosi.

L'uomo ormai le è davanti e allungando la mano si presenta: «Giacomo Leopardi». Momento di silenzio. E poi. Lara scoppia a ridere, una risata incontrollata e fortissima che la piega in due. Una risata di cui sarebbe fiera la sua amica del super. Ride, Lara, e non vorrebbe perché le scappa la pipì e ha paura di farsela addosso. L'uomo la guarda, si lascia travolgere, ridacchia anche lui.

Lara ora cerca di riprendere fiato. Di raddrizzarsi. Come una bambina colta sul fatto, si mette una mano davanti alla bocca e chiede scusa. «Mi perdoni davvero... Il suo nome... Non me l'aspettavo.» Poi, confusa anche lei dalle sue parole, ha un breve ripensamento: «Ma forse mi sta prendendo in giro?».

L'uomo, con una voce da caverna venata da una strana leggerezza, la guarda con un sorriso simpatico: «Certo che no».

Lara, rinfrancata, insiste: «Ma allora si chiama proprio così?».

«Ah, il mio nome» esclama lui. «Certo. Spesso fa questo effetto. Non sempre, perché ormai la gente non legge più, o ha dimenticato.»

Lara a quel punto lo guarda bene, quell'uomo, e non sa definirlo. Al di là di qualsiasi etichetta, di qualsiasi standard. Quella mancanza di capelli e di qualsiasi traccia di barba lo rendono aperto, così aperto da essere scintillante. Un uomo-sole, pensa Lara.

Lui la vede titubante e continua: «Mio padre Paolo, Leopardi di nascita, era un grande amante della letteratura, e mi diede questo nome. Sì, sono Giacomo, in onore del poeta. Per fortuna ho le montagne che mi fanno da casa, nessun infinito in cui perdermi».

Lara è ancora più sconcertata. Adesso lo cerca bene con gli occhi, cerca in lui qualche segno di logica. Un uomo gigante dal viso aperto in mezzo alla natura che parla di poesia. Un glitch nel suo mondo razionale dove le persone sono, dicono e fanno secondo canoni ben precisi. Be', in un attimo questo Giacomo Leopardi, come un extraterrestre, fa vacillare la sua visione delle cose.

Il fresco si è trasformato in freddo, la pipì continua a scappare.

Lara fa per prendere la valigia ma lui la anticipa.

«E invece tu? Biancaneve?»

Perché Biancaneve? Lara di nuovo ride, ora davvero contro i suoi interessi, perché è molto vicina a farsela totalmente addosso. «Ah no, scusami, sono Lara Pace, sono qui per seguire la meditazione del signor Reve.»

Giacomo, la valigia in mano che pare una foglia leggera, sorride come se già lo sapesse. «Certo» dice, e con la mano sulla maniglia esclama: «Benvenuta!».

Aperta la porta, caldo di luce e legno ovunque, caldo di camino acceso e zampillante proprio lì, sul lato lungo dell'enorme salone. Ad accoglierla, un tappeto persiano, o chissà, rosso, verde e blu, che si stende sul resto del soggiorno. Contro la parete davanti, un tavolone contornato di panche dove siedono cinque o sei persone, tutte intente ad ascoltare un uomo alto e magro vestito di bianco. Ecco, pensa Lara, deve essere lui Jacques. Ma non fa in tempo a studiare meglio la situazione che l'impellenza la spinge a voltarsi verso Giacomo supplicando un bagno. Lui le indica la sala a sinistra. Lara si affretta, non ci sono guru che tengano.

In bagno Lara corre ai ripari e rivolge l'attenzione a quel pavimento pelvico che, nonostante tutti gli esercizi alla sbarra, non tornerà più ai tempi ruggenti in cui le pipì si trattenevano senza un mezzo pensiero.

Ora finalmente ha tutto il tempo per guardarsi in giro. Il bagno è di legno e pietra bianca, solido e sicuro. Alla parete accanto allo specchio è appeso un quadro che raffigura un essere mezzo uomo-mezzo capra con un flauto in mano e donne distese ai suoi piedi. Bosco intorno. Lara guarda. C'è qualcosa che la intriga ma non capisce cosa sia, e poi vede. Vede due occhi intensi e sicuri, sorridenti e accoglienti. Sono occhi selvaggi e puri. Tanto sicuri di sé quanto divertiti dal mondo che li circonda, con cui si intrattengono a giocare. Sono gli occhi del dio capra, che le ricordano gli occhi di Giacomo Leopardi. Stessa serenità, stessa sicurezza. Stessa aria selvaggia di chi natura è.

Sogno

Per tanto tempo ho pensato di vivere in campagna. Di alzarmi al mattino con il suono del gallo, di avere la casa piena di animali felici, galline libere che scorrazzano in giro, caprette curiose che si arrampicano in giardino, cani e gatti che si contendono il mio affetto e cacciano i topi. Di vedere l'alba mentre strappo le erbacce dall'orto e le metto nel compost. Di stare in un tutto che è in unione, una ruota divina dove io al centro in mezzo al tutto ne so cogliere i frutti, sostenendo e prendendomene cura a mia volta… Sognavo silenzi lunghi e camini accesi, immaginavo di vedere lo scorrere del tempo attraverso il cambiare delle stagioni. E poi invece quel sogno l'ho piano piano spostato. E mi sono sentita felice in una città operosa, attiva, che mi ha fatto sentire al centro di tutto. Nel migliore dei posti.

Quando esattamente è cambiato tutto? E perché?

Il tappeto

Lara torna nella sala accoglienza, all'ingresso. Il camino acceso la fa sentire a casa, un sentimento che non prova da tempo, tanto forte che la commuove. Le viene voglia di sdraiarsi sul tappeto rosso, verde e blu, chiudere gli occhi e non parlare con nessuno. Invece si ferma al tavolo intorno al quale sono tutti seduti. E sorride. Subito a mettere le mani avanti, a lanciare il messaggio agli estranei che lei è una bella persona. Una persona, tanto per cambiare, giusta.

Aspetta che Jacques Reve finisca il suo discorso sul respiro. Tutte (perché ci sono solo donne) ascoltano rapite e affascinate, tutte bevono dalle labbra del bellissimo uomo di mezza età, brizzolato quanto basta, denti bianchi di chi sa sorridere, occhi luminosi di chi qualcosa ci ha capito di questa vita, schiena dritta del saper stare, muscoli fini e diligenti, si vede che lo yoga e la meditazione lo hanno plasmato in un perfetto esempio di uomo evoluto. Che bello, pensa Lara. *Comm si' biellu.*

Jacques si gira verso di lei, che è appena arrivata e sta lì in piedi, cristallizzata in un sorriso. E la nota.

Mentre gli occhi gli si aprono un po' di più, sorride anche lui incuriosito. Lara capisce che è il momento di introdursi: «Piacere, io sono Lara». E poi rivolge un sorriso a tutte le presenti. Jacques, sempre tenendo lo sguardo su di lei, la invita ad accomodarsi: «Benvenuta Lara, io sono Jacques. Puoi sederti con noi se vuoi».

Lara si siede accanto a una donna sui sessanta, tenuta bene, maglione di cachemire color pesca, anelli che si fanno notare. Jacques continua, rivolto a lei: «Stavamo parlando del respiro», e riprende il discorso. «... Dunque, il respiro è davvero il gesto più democratico che ci sia. Non conosce religioni, credi, appartenenze politiche, ceti sociali. Il respiro lo fanno tutti, sempre. Non costa. Non richiede luoghi o attrezzature particolari, né strumenti specifici per essere respirato. Si fa e basta. Ognuno di noi, sempre. E nel farlo riprendiamo in mano la nostra vita. Un respiro alla volta. E torniamo presenti. E quando siamo qui e ora succedono tutti i miracoli che sogniamo. Perché questa vita è un miracolo, un dono immenso. Ma se non ci siamo, come facciamo a vederli, questi doni, e a esserne consapevoli? Quindi. Impareremo a respirare insieme, in mezzo ai più grandi maestri di respiro e presenza: gli alberi. Che, con il loro semplice essere, ci insegnano quest'arte alla perfezione. In realtà non ce la insegnano, ma ce la ricordano. Perché anche noi sapevamo perfettamente respirare ed essere presenti. Poi crescendo la testa ha preso il sopravvento, abbiamo abbandonato il nostro bambino interno, il nostro flusso, e ci siamo persi. Domani la foresta ci ricondurrà al nostro sé più autentico e profondo.»

Lara assorbe ogni parola come nettare, beve e si nutre. Tutto così vero. Tutto così grande e giusto. Di nuovo quella parola. Giusto. Che qualcuno venga da fuori a dirmi com'è, 'sto giusto, perché io non lo so più… Pensavo di conoscerlo e invece, il mio giusto, me l'hanno fatto a pezzi, si dice guardando Jacques spostarsi un ciuffo che gli cade sugli occhi. Un gesto luminoso che lo rende bellissimo. Lui sì che sa cos'è giusto, pensa Lara.

Una ragazza giovane e carina si avvicina al tavolo, con una leggerissima cadenza straniera, avverte che la cena sarà servita tra poco e invita le partecipanti a prendere possesso delle stanze. Tira quindi fuori un elenco di nomi e distribuisce le chiavi. Jacques si alza e saluta. Tutte si fermano a guardarlo, a sorridergli.

«Io mi ritiro a meditare» dice, suadente, «ci vediamo domani mattina alle 6. Qui. Buona notte», e fa il saluto yogico della preghiera. Tutte uniscono le mani in gratitudine e ammirazione e chinano il capo davanti al maestro. E poi suono e frastuono di valigie, scale e porte.

Lara entra nella sua stanza: «Alba» il nome a lei assegnato. Tra sé e sé spera davvero che quel luogo, quel Jacques Reve siano un'aurora per lei, un nuovo inizio.

Sveglia

Sveglia ore 5.30.

Mi ritrovo esausta da una notte passata a rimuginare. I pensieri mutano anche se l'argomento è sempre lo stesso: il fallimento del mio matrimonio.

Sono io che non ho fatto abbastanza per tentare di plasmarmi meglio intorno alla mia famiglia.

Sono io che non sono stata all'altezza del mio compito.

La notte l'ho trascorsa a torturarmi con il senso di colpa: forse avrei dovuto sopportare la fine di questo amore per il bene più alto: che tutto restasse come era.

Che la mia vita e quella delle bambine non si trasformassero in scatoloni, che il mio salone non dovesse restringersi, ma che tutto, tutto continuasse come era sempre stato. Quante persone conosco che restano insieme per i figli. Lo fanno in tanti. Perché io no?

Con questo ancora in testa, affronto la sala accoglienza e le sei del mattino.

Il respiro

Giù all'ingresso sono tutte pronte, la mise le rende uguali: leggings e tappetino di yoga sotto il braccio. Una donna dal viso dolce accoglie l'arrivo di Lara con un cenno del capo: «Ora che ci siamo tutte possiamo andare, Jacques ci aspetta nel bosco». E così inizia la processione. In silenzio. Fuori i profumi della natura sono intensi e veri, l'alba si fa strada nel cielo. Lara pensa alla sua stanza, e alla richiesta che le ha fatto: ricominciare. Una guida. Tira fuori il telefono e fa uno scatto. In quel momento il suo cervello razionale la riporta alla realtà e le ricorda che è lì per lavoro. Deve adempiere al suo contratto e raccontare tutto l'evento. Così si arma di coraggio e cercando di aprire meglio gli occhi e sorridere disinvolta accende il video ed esegue una ripresa di se stessa, nel bosco, raccontando cosa sta andando a fare. Quel suo tono improvvisamente sveglio e lanciato stona con il mood che la circonda. Disturbo alla quiete pubblica. Decide così di restare indietro per non dare fastidio: «Ciao ragazzi, sapete dove mi trovo? Nella Foresta delle Vergini, un posto davvero speciale, dove sto per andare a fare una cosa speciale. Chi viene con me?».

Ma che vuol dire, chi viene con me?, pensa, vergognandosi. Così si scioglie i capelli, sorride di più e riaccende la telecamera del telefono: «Salve a tutti, oggi mi trovo in un bosco... Sto andando a fare una meditazione e vi porto con me».

Ecco, più asciutta e giusta, pensa Lara, e così dicendo pubblica la storia. Nel frattempo, le altre partecipanti sono arrivate in silenzio nella piccola radura dove, seduto con la schiena contro un albero bellissimo, c'è il bianco-vestito e dritto Jacques. Jacques ha gli occhi chiusi, nella classica posizione della meditazione. Ma quando sente il gruppo arrivare li riapre piano e con uno sguardo lieve e sorridente invita tutte a sedersi in cerchio. Momento di goffaggine con tappetini che scendono a terra, c'è chi li srotola e chi no, chi si mette comoda e chi si mette troppo distante e deve avvicinarsi alle altre per fare cerchio. Questione di qualche minuto e la quiete torna nel gruppo. Tutte disposte intorno a Jacques. Dal silenzio di lui la richiesta è chiara. Tutte si siedono e chiudono gli occhi, anche Lara, che intanto si è messa accanto a lui.

Dopo qualche istante la voce calma e profonda del maestro vibra un Om. E poi un altro e poi un altro ancora. Tre Om di fila intonati alla perfezione.

«Ascoltiamo la vibrazione dell'Om, il suono primordiale. Questo suono ha generato l'universo. Questo suono è dunque all'origine di noi, ascoltandolo avremo la possibilità di tornare alle nostre origini. Entriamo nel ricordo.»

Silenzio. Lara sente i suoni della foresta che si risveglia intorno a lei. Il fresco le accarezza la pelle. Gli uccellini le cinguettano sopra la testa, l'erba le solletica dolcemente le caviglie scoperte. Tutto è di nuovo giusto.

«Lasciamo che il respiro fluisca dentro e intorno a noi. Lasciamo che entri dalle narici: che temperatura ha? Portiamo quella stessa aria nei nostri polmoni, giù al fondo fino alla pancia. Gonfiamola, riempiamola. Un contenitore da riempire a ogni respiro. E nel rilascio di quell'aria apriamo leggermente la bocca e sciogliamo le tensioni del viso, del collo, della gola, delle spalle. Tutte quelle tensioni che portiamo in giro con noi come valigie. Ma quelle valigie non sono noi. Quelle emozioni incastrate nei muscoli vanno liberate. Rilasciate attraverso il respiro. E ancora fluisce, un'onda. Il respiro. Entra dal naso, si propaga in tutto il corpo fino alle estremità, fino ai capelli, alle unghie dei piedi, e poi lo liberiamo e, così facendo, liberiamo il nostro corpo dalla morsa della tensione.

Continuiamo a fluire. A sentire. Proviamo a immaginare che insieme all'aria entri anche una luce bianca. Una luce bianca dolcissima, e potente. Una luce bianca che sa curare. Che sa dove mettersi nel nostro corpo e sa come rimettere a posto quello che non lo è più, che ha smesso di esserlo. Una luce gialla o bianca. Curativa. Sentitela entrare attraverso il respiro dentro le vostre cellule, dentro gli atomi che costituiscono la vostra persona. Lasciate che la luce si propaghi grazie al sangue in ogni organo. Nelle ossa, nelle articolazioni, in ogni fibra del vostro essere. Questa luce curativa è una luce buona e saggia. In grado di ristabilire benessere e salute in tutto il vostro organismo.

Inspiro profondamente questa luce speciale, fatta apposta per noi, per aiutarci, ed espiro tutte le tensioni, le incrostature impigliate dentro. Lascio andare il grigio, il nero, che sono tutte le cose non viste accumulate nel corpo. Lascio andare tutti quegli aggettivi che mi sono stati appicciati addosso, che mi sono appiccicato dentro. Rilascio tutto con un soffio d'aria buona. Torno all'origine di me.

Occhi chiusi, vi invito ad appoggiare la mano sinistra sul cuore e la mano destra sopra quella sinistra. Vi chiedo di stare in silenzio, in ascolto. Continuando a fluire nel respiro. Lasciando che entri ed esca aria, insieme alla luce. Dentro tutto il vostro strumento-corpo. Uno strumento che sente e vibra, in grado di creare le più belle armonie quando è pulito e accordato. Accordiamolo con l'ascolto e l'amore. Lasciate che queste mani prendano il vostro cuore. Sentite il cuore attraverso le mani e sentite le mani calde appoggiate sopra il cuore. Lasciate che sia il cuore a guidarvi, a mostrarvi la via. Mettetevi in ascolto, in apertura. Cosa ha da dire questo cuore, chiedetegli di mostrarvi le ferite, ce ne sono? Come sono? Le vostre mani mandano al vostro cuore il messaggio che può fidarsi, che può lasciarsi andare, che è amato e ascoltato, e che questo è uno spazio sicuro.»

Urlo

Una lacrima profonda mi riga il viso. Cola giù fino alla terra. Forse concima, o forse brucia. La lacrima porta tutto il senso più profondo della fine, tutto quell'amore sperato, voluto, creduto, frantumato in mille pezzi insieme a quel povero cuore. Sento vetri rotti dentro i battiti, la sola musica ora. L'unica sinfonia è un pianto assordante. Il cuore mi rivela un dolore così doloroso che nasconde dietro una catena di dolori, l'origine di qualcosa di antico quanto la vita. Un dolore in serie, così profondo e conosciuto ma che ora non riesco a comprendere, a riconoscere. Il corpo si vuole quasi piegare in due, e inchinarsi davanti a quel dolore, mio ma così più grande di me.

Sento le parole di Jacques, e mi sorprendo: è come se mi leggesse la mente.

«Respirate a fondo in tutto quello che arriva, senza giudizio, senza bloccare nulla, lasciatevi pervadere dalla vostra verità. Lasciate che sia lei a guidarvi, non la mente. Respirate in tutto ciò che è e lasciate uscire. Senza se, senza ma. Il livello di coraggio che avrete nel lasciare andare quello che non vi serve determinerà il livello di gio-

ia che entrerà nella vostra vita una volta che avrete fatto spazio.»

E allora obbedisco, e lascio andare. Dalle caverne più profonde dei ventricoli e degli atri del mio cuore esce un urlo. Non posso trattenerlo. Un lamento dalle viscere del sé, che però sembra parlare la lingua del mondo. Il lamento dei lamenti, dal profondo del ventre della terra. Tutto il non ascoltato che esce in quel vomito sonoro. Mi piego in avanti lasciandomi attraversare da quel dolore, lasciandomi essere strumento, lasciandomi pervadere da quella musica lacerante, come se il mio compito fosse quello di suonare fuori il dolore mio legato al dolore più antico, che è ancora più mio, e dei miei avi, mio e di tutti, un dolore collettivo.

Silenzio.

Uccellini.

Più nulla.

La cura

E poi. Lara sente una mano toccarle la nuca. E la voce profonda di Jacques: «Grazie. Resta a occhi chiusi. E piano piano, un respiro dopo l'altro, ritirati su avendo estrema cura di te, delicatamente, con amore». Jacques sottolinea la parola «cura» infilandoci qualcosa che le arriva dritta alla pancia. Una scintilla di dolcezza così profonda che Lara non l'aveva mai sentita, non sapeva neanche esistesse. La cura. Riecheggia dentro di lei mentre piano piano si tira su a sedere. La testa ora è diversa, la posizione è sempre quella, lassù, di dominio sul corpo, ma la sensazione interna è del tutto inedita.

A Lara sembra di galleggiare in una piscina calda. La testa leggera come non l'aveva mai avuta. E solo in quel momento scopre di averla avuta terribilmente pesante per quasi tutta la sua vita. E si chiede come abbia fatto a portarselo in giro, quel peso così ingombrante, così opprimente. E quanto in realtà si possa stare bene e leggeri, se si sposa una modalità più facile.

Jacques invita tutti a sdraiarsi e prendere la posizione dello Shavasana, il morto. Lara non vede l'ora, le sembra la colazione migliore in quel momento, il migliore dei nutrimenti. Si sdraia. Occhi sempre chiusi, non ha nessuna intenzione di aprirli e affrontare le altre persone, soprattutto dopo quell'urlo lacerante.

Cosa avranno pensato? Avrà disturbato la meditazione di tutti? Le altre donne avranno detto «guarda 'sta pazza» e avranno aperto gli occhi curiose di vedere da dove provenisse quell'urlo matto, grottesco. E davanti ai loro occhi lo scenario orrendo di Lara piegata in avanti con la bava alla bocca spalancata. Ma come le era venuto in mente di lasciarsi andare così?

Anche Jacques avrà pensato che era troppo, che stava esagerando, forse era andato da lei proprio per dirglielo e le sue parole sembravano gentili ma in realtà nascondevano risentimento per aver boicottato il suo silenzio e non aver capito l'esercizio. Lui non aveva mai parlato di urla... Lara si macera in tutti questi pensieri. Uno tira l'altro e in un attimo la leggerezza lascia il posto alla pesante sensazione di aver sbagliato. Di nuovo. Che per Lara è un'esperienza vicina alla morte.

Non ho fatto giusto, non ho fatto bene.

Quel non-giusto le trafigge la gola e la pancia, sente ora le lacrime che le stanno per sgorgare a fiumi... Quando, di nuovo, quella mano, così calda, così accogliente, così saggia, le si poggia sulla fronte, e a seguire un'altra sempre calda e accogliente sul petto, e la voce di Jacques: «Respira, lascia andare. Qualsiasi siano le immagini non giudicarle, sono venute a dirti qualcosa, concediti quello che stai sentendo. Non c'è nulla di sbagliato in te, nulla».

E così sia, voglio crederti, Jacques, pensa Lara. E le lacrime le rigano il volto. A una a una, come carezze del suo sé più profondo venute a portare ristoro al suo sé della superficie, carezze calde sulle sue guance.

«Bene, Lara, molto bene. Respira. Sentiti, appoggia le mani dove le ho io.»

Sa il mio nome, pensa Lara, mentre esegue diligente la richiesta e appoggia una mano sopra quella di Jacques, che è sopra al suo petto. Quel contatto è pace. Un contatto facile e giusto. E poi l'altra mano a contatto con quella di Jacques sopra la nuca. Ora sono chiusi così, una mano sopra l'altra, sopra la testa e il petto di Lara. Luce. Casa. FINALMENTE, forse ho cercato questo da tutta una vita, si dice.

Il tempo di un attimo, e poi Jacques le sussurra: «Bene, ora io mi tolgo e rimani tu con il contatto su di te». E così piano piano le mani di Jacques si staccano da Lara e lasciano quel caldo buono. Quel caldo che le dice che lei pazza non è, che quell'urlo poteva essere reinserito nella categoria dei giusti, che le sue emozioni sempre così forti e «drammatiche» forse andavano bene. Che lei forse andava bene così.

Om

Buio, silenzio. Tutto fermo.

Mi sono quasi addormentata nella posizione del morto, lì sull'erba del bosco in semicerchio con quelle donne che non conosco, con al centro quell'uomo che è riuscito a portarmi così profondamente dentro di me, regalandomi la possibilità di lasciarmi andare. Mi spengo in un blackout totale, l'urlo per uscire mi ha prosciugato tutte le energie, il mio corpo si è spento. Sapendo che poteva farlo. Sono riuscita a lasciar andare. Completamente.

«Ooooommmmmm.» Il suono di un Om buca il nero della mia quiete. E ancora «Oooooooommm», torno in contatto con il corpo, la terra, l'aria... Piano piano mi muovo, mi stiracchio. E poi un ultimo «Oooooooommmm» vibrato forte e profondo.

«Vi invito a girarvi sul lato destro in posizione fetale.»

Eseguo.

«Ora lentamente riportatevi su aiutate dalle mani a risalire, ci ritroveremo a gambe incrociate. L'ultima a salire è la testa.»

Seguo la sua voce, diligente. Tirare su il corpo è diffi-

cile. Il corpo adesso sembra contrariato a risorgere. Voleva restare lì ancora a fingersi morto. Mi siedo a gran fatica. Gli occhi ancora sbarrati.

«Vi invito a fare un respiro profondo e poi espirando lentamente riaprite gli occhi.»

E così... Sono costretta a lasciare il mio mondo e a tornare in mezzo a tutti gli altri. I primi spiragli di luce che intravedo sono belli, forti, un po' troppo fermi rispetto al lago interno da dove arrivo. Dopo qualche istante gli occhi riescono a riaprirsi del tutto e a ristabilire un contatto con l'esterno: persone sedute, un po' scompigliate, stropicciate, un semicerchio che non ha più molto del semicerchio, alberi fermi intorno, e poi, accanto a me, alla mia sinistra, un calmo, sorridente Jacques-schienadritta.

Jacques ringrazia. Giunge le mani nella posizione della preghiera. E si inchina. E tutte, a loro volta, si inchinano. Qualcuna riesce a sussurrare a mezza voce un namasté, altre un «grazie», percepisco che l'esperienza non è stata forte solo per me.

La margherita

La pratica è finita. Piano piano tutte si alzano in silenzio e raccolgono le loro cose. La guida alla destra di Lara le invita a rientrare all'agriturismo, dove le aspetta una bella e calda colazione. Lara è l'ultima ad alzarsi, i suoi gesti sono rallentati. Guarda e vuole vedere tutto, quel piccolo fiore davanti a lei le chiede di soffermarsi leggera a guardarlo. È bellissimo, un piccolo sole al centro, giallo intenso, e i suoi piccoli raggi bianchi... Una margherita così bella non l'aveva mai vista, o forse non si era mai fermata a guardarla davvero. Le vengono in mente le estati al mare nel giardino dei nonni a strappare i petali in cerca dell'amore, m'ama non m'ama... Chiedendo conferma al fiore di cose che già sapeva ma non voleva sapere. Mi ama o non mi ama. Mentre ripensa a quell'immagine dei petali staccati le viene naturale accarezzare la margherita che ha di fronte, delicatamente per non disturbarla.

«È bellissima», Jacques è in piedi davanti a lei, Lara alza la testa e lo vede ancora più alto e statuario, il sole lo colpisce da davanti e la sua figura sembra illuminata dal riflesso. La pelle leggermente abbronzata, il collo fine ma forte, le braccia affusolate e buone. Il sorriso di Jacques brilla, gli occhi pure. Lara sente qualcosa nella pancia muoversi velocemente, e non è la fame di colazione, ma la voglia di sorridergli, dal cuore.

«Grazie, davvero grazie. Quello che è successo oggi, qui, grazie a te, è stato potente.»

Momento di silenzio.

«È stato grazie a te, sei tu che te lo sei concessa.»

Lara vorrebbe dire molto di più ma le parole di Jacques la spiazzano. Rimane in silenzio con la margherita, a guardare quell'uomo perfetto. E quell'uomo perfetto le tende la mano invitandola ad alzarsi: «È importante ora avere cura di te, andiamo a fare colazione», di nuovo quella parola, «cura», detta come se fosse una medicina per l'anima, le arriva dritta dentro e va a riempire un vuoto di dolcezza che non sapeva di avere. Lara afferra la mano calda che ormai conosce e si lascia tirare su. I due sono occhi negli occhi. Sorridono entrambi. Lara non riesce a stare in quella tensione con la pancia che le sfarfalla e quindi rompe il momento: «Ma secondo te ci sono rimasti degli animali in questa foresta o sono tutti scappati dopo il mio urlo?» la butta sul ridere, copre il suo rossore con una battuta e caccia via la tensione.

Jacques risponde ridendo: «Credo anzi che ne siano arrivati altri, hanno riconosciuto l'ululato... Grazie a te la foresta si ripopola di lupi».

Di nuovo, mi spiazzi di nuovo... Come diavolo è possibile che lo faccia di nuovo, pensa Lara, affascinata da quella risposta: non solo è stata accettata la sua pazzia ma è valorizzata e apprezzata.

I due camminano dietro al gruppo, un po' a distanza. Le parole ora scivolano via facili. Lara butta tutto in commedia, Jacques asseconda fermo il suo spirito zampillante. Sembra grato della leggerezza di lei, come se lo affrancasse da una gabbia di serietà dentro cui lui si ritrova sempre costretto. Mentre l'effervescente spirito di Lara è una novità che gratifica il suo spirito.

Lara lo sente inconsciamente e decide di avere cura di lui così. Facendolo ridere.

Cambiare

L'ho iniziato ieri sera e non riuscivo a staccarmi. Ho letto tutta la notte. Il serpente non teme *è un libro scritto da un giovane autore napoletano, racconta del processo lungo e doloroso con cui un serpente cambia pelle. E di quando, una volta riuscito a cambiarla, continui a cambiarla per tutta la vita. Non è roba di una volta e via. Non è che lo fai una volta, attraversi il dolore e la fatica una volta, finalmente ci riesci, e poi basta. No, non funziona così. Si continua a cambiare pelle e a mutare tutta la vita.*

«Cambiare pelle non è la meta ma la strada, l'obiettivo finale non è la pelle nuova, è la vita trascorsa a cambiare il vero significato dell'esistenza. Una volta che ho capito non temevo più il cambiamento e ogni cambio mi sembrava meno doloroso, sempre meno doloroso.»

Poesia.

Specchio

Dentro la calda sala dell'agriturismo Fontenuova le risate e le parole sbrecciano forti accompagnate da suoni di cucchiaini e coltelli. Il ricco buffet è preso d'assalto e le chiacchiere fanno da cornice alle torte casalinghe, alla marmellata di frutti di bosco raccolti da Giacomo Leopardi, che è appena passato per dare il suo buongiorno e presentare nei dettagli tutte le prelibatezze della colazione.

Lara è seduta accanto a Jacques, che la attira a sé come un magnete. Non è più riuscita a staccarsi da lui, che a sua volta è assaltato, come le torte e le marmellate, dalle allieve del seminario.

Lara si alza per prendere un bicchiere d'acqua e le viene spontaneo prenderne uno anche per lui, lo stesso fa con una scodella di mirtilli freschi. Lui alza veloce lo sguardo e le regala un cenno di gratitudine, per poi rilanciarsi nelle risposte alle mille domande che lo travolgono.

Finita la colazione, Lara si appoggia allo schienale della sedia e avverte un'enorme stanchezza impadronirsi delle sue gambe. E una gran voglia di andare in bagno. Deve parlarne assolutamente al suo agopuntore, la situazione ultimamente è peggiorata. Il suo sistema le chiede una pausa, ma Jacques è lì, lei non può lasciarlo. Resiste, mentre guarda le altre che a una a una abbandonano la sala, chi per andare in camera a riposare, chi invece per andare a fare una passeggiata nei boschi.

Attende Jacques senza farsi vedere in attesa. Ha preso un volume della libreria di Giacomo e lo sfoglia fingendosi assorta, lo sguardo che vaga morbido e sfocato da una riga all'altra. Dopo che Jaques ha risposto all'ultima domanda, restano finalmente soli. Lara sente che il loro momento è arrivato, ma mentre la pancia ricomincia a fare le capriole e lei cerca di distrarla lanciando al guru una frase a effetto, lui porta il telefono all'orecchio e si allontana a passo svelto verso l'esterno, tutto preso dalla conversazione. Lasciandola lì.

Ho sbagliato di nuovo, pensa lei sorridendo mesta. Dopo l'ultimo sorso di centrifuga, scosta la sedia e lancia uno sguardo alla vallata che trionfa dietro la finestra. Sbagliato, giusto, ci risiamo… Eppure la natura, quella vera, parla un'altra lingua, e lei lo sa. Anche se ancora non è capace di decodificarla.

Salita in stanza, si dà una sistemata e sceglie una maglietta più carina, più femminile. Jacques è ormai nei suoi pensieri, costantemente. Le sue mani calde. Lo sguardo intenso. Il corpo. Lo spirito.

Lara ripensa al momento, durante la colazione, in cui lo ha sorpreso mentre le fissava il fondoschiena stretto nei leggings. Si era appena alzata per prendersi il caffè quando aveva avvertito lo sguardo di lui sul suo sedere. Allora è un uomo pure lui, non è tutto yoga e meditazione... Lara finisce di mettersi il gloss sulle labbra. Guarda la sua immagine allo specchio. Viso rilassato, capelli sciolti, labbra rosa, occhi truccati ma non troppo, spalla scoperta del top bianco che le scende con naturalezza sulla spalla. È pronta.

Scende nella sala ma non trova nessuno, anche di Jacques non c'è traccia. Certo, ora abbiamo due ore libere, rammenta ripassando il programma. Decide allora di seguire il piccolo sentiero nel bosco che si apre davanti a lei. Come un invito.

Pino

Anima mia
In te
Radici di me
Terra che scende
Braccia che salgono
Unione perfetta sei
Tra terra e cielo
Lasciami assomigliarti anche solo un po'
Ritrovarmi nel tuo fusto
Corteccia tra i denti
Foglie nei capelli
E Finalmente
Non più sola

Questa poesia Lara l'aveva scritta a nove anni.

Ne era stata fiera all'epoca.

L'aveva incorniciata in un bellissimo disegno.

Aveva fatto il ritratto a un pino che viveva nel giardino della casa al mare.

Passava tanto tempo a guardarlo, a volte le sembrava

un broccolo, altre volte una ginnasta a testa in giù, altre un uomo confuso con la testa tra le nuvole.

Ruscello

Si addentra tra gli alberi alti, l'ombra l'avvolge, proteggendola da un sole ormai caldo. Lara cerca di concentrarsi sulle meraviglie che la circondano; il bosco nei suoi profumi, nella sua essenza la incoraggiano a lasciarsi andare. A ri-immergersi anima e corpo nel qui e ora come aveva fatto con la sua margherita. Eppure, non è facile abbandonarsi fino in fondo. Il pensiero assillante del suo bel maestro non la lascia in pace, la illude, la pervade. Come se, da dietro un albero, dovesse apparire all'improvviso la sua figura dritta e luminosa, splendente in tutto il suo carisma. Lara continua a camminare. Senza presenza ma cammina. Senza vista ma cammina.

Il suo corpo è lì ma la sua testa è da un'altra parte. E lei continua a camminare.

All'improvviso, però, grida divertite la risvegliano dalle sue fantasticherie. Affretta il passo e raggiunge tre delle sue compagne di corso che attraversano a piedi scalzi un ruscello vivace, trasparente. Le grida continuano e le donne sembrano quasi elettrizzate.

Lara sorride curiosa: «Che meraviglia! Com'è l'acqua?».

«Freschissima! Bellissima! Vieni, devi provare!» gridano le tre, ormai immerse fino alle caviglie. Lara non sa perché ma accetta l'invito: c'è qualcosa di incantato in quella piccola danza delle donne con il torrente, che si dimostra un ballerino d'eccezione.

Per un attimo il suo pensiero corre alle bambine. Cosa staranno facendo, sentiranno la sua mancanza? Quanto sarebbe bello averle lì con lei. Quindi rompe ogni indugio, si toglie le scarpe e i calzini e tirandosi su i leggings immerge il primo timido piede nell'acqua pura della montagna. Da togliere il fiato! Ghiaccio liquido, gelo, una sensazione scomoda e perfetta. Lara intinge anche l'altro piede, una corrente di energia si propaga con forza dalle piante fino alla nuca, tutto il corpo si accende in un lampo. Lara ride di un riso immediato, certo. E poi grida, perdendo per un istante i freni. Ora la sensazione di vita è quasi dolorosa... Deve arrivare dall'altra parte del ruscello, in fretta, prima di perdere la sensibilità. Pochi passi e ce la fa, è di nuovo al sicuro.

«Che meraviglia!» le esce in mezzo a un sospiro. Ogni cellula del corpo completamente rivitalizzata.

Le tre donne le sorridono, e con un tacito accordo continuano a camminare insieme nella foresta, scalze. Chissà chi sono, pensa lei, che cosa fanno nella vita, perché sono qui... Ma in quel momento prevale una sorellanza muta: una forza naturale, delicata, le tiene unite, connesse al bosco, al cielo, agli altri corpi. Il paesaggio sotto ai loro piedi passa dalla sabbietta gentile della riva ai sassolini e pietre spesse e irregolari, ai fili d'erba, alla terra dura, e poi a piccole pozzanghere melmose. Lara è in trance. Sentire il bosco con i piedi le sembra incredibile, sono loro, i piedi, a vedere oltre gli occhi. Attraverso le piante si forma una mappa, una geografia nuova, la foresta acquista una dimensione più profonda, intrisa di una sensualità a lei sconosciuta. I piedi accendono tutto, i colori e gli odori sono al massimo del volume. Questi stessi piedi con cui Lara ha scritto la sua carriera, che però erano costretti in scarpe piccole a portare sulle punte tutto il peso di una danzatrice alta, possente, dai fianchi grossi.

Le quattro donne passeggiano tra gli alberi fermandosi ogni tanto a toccare un tronco, a prendere la terra con le mani e a sentirne il profumo. Si lasciano portare dal corpo in quella camminata a cinque sensi. Quando infine riemergono sul sentiero che conduce all'agriturismo Lara si ritrova un sorriso stampato sul viso, i piedi sporchi e terra ovunque. Perfino sul cuore.

Lorella

Posso essere brava come lei. Quella presentatrice della tv che sapeva cantare e ballare, Lorella, sempre sorridente e perfetta. Ci provo a fare i suoi passi ma se mi guardo allo specchio mentre li faccio non sono proprio la stessa cosa. Mamma dice che se voglio posso iniziare le lezioni di danza con Maria Cristina, che però è bravissima perché danza la fa già da quattro anni, ha iniziato a sei anni lei, e poi lei il fisico da ballerina ce l'ha. Mi guardo allo specchio mentre mamma mi parla, il mio corpo è troppo grosso per ballare, penso. Allora tuti i miei sogni li ripongo su quella figura perfetta dalla chioma bionda che canta ancora e balla senza sosta. Che può tutto.

Terra

Nessun altro pensiero se non la gioia del momento. Jacques è lì, davanti a lei. La vede, in mezzo a quel gruppetto selvaggio di fate del bosco, e le si avvicina. Lara istintivamente cerca di ricomporsi. Jacques ha gli occhi su di lei, sulla sua spalla nuda.

«Dove siete state, così piene di terra?»

Le donne, come colte di sorpresa, in bilico tra il pudore e l'orgoglio, gli raccontano la loro avventura scalza.

«Che meraviglia, io invece sono rimasto chiuso a lavorare in camera. Adesso vi copio... Che voglia di sentire con i piedi...»

Jacques si toglie le scarpe ma per un attimo vacilla ed è Lara che gli tende una mano. Lui la afferra, più forte del previsto: le lancia uno sguardo, un grazie veloce, e torna alle sue scarpe.

Mentre il gruppo delle allieve si ricompatta, pronto a rincominciare, Jacques chiama il cerchio e, nel frastuono, allunga un dito sul mento di Lara. «Sei tutta sporca» le dice, con un sorriso. Lara non se l'aspettava, non sa cosa fare. Deglutisce davanti al desiderio. E poi tende le braccia alle sue compagne, in un girotondo nuovo.

Gli attimi si perdono tra corpo e cielo, con il sole che filtra i suoi raggi tra le foglie. Lara si guarda intorno, si unisce all'Om collettivo, si lascia vibrare, ogni parte di lei presa da quel suono. E poi scivola nelle parole soavi e morbide di Jacques, che la invita a incamminarsi dentro al cuore, occhi chiusi ma presenza interna accesa.

Barbie

Mi vedo bambina. In una stanza bianca, la mia di quando ero piccola, ma anche no. Sono seduta per terra a giocare con le Barbie. Sembro serena, da lontano. Ma avvicinandomi vedo le gocce di sudore imperlarmi la fronte. E improvvisamente mi ricordo: sto giocando con la Barbie a giochi strani, giochi che mi partono dal corpo senza che io sappia come. Spoglio la bambola e la metto sopra a Ken, anch'esso nudo. I loro corpi senza vestiti, uno sull'altro, mi provocano piacere, lo sento sgorgare profondo dentro di me. Una sensazione dolce, forte, una piccola estasi, fuori controllo. E voglio capire. Ma all'improvviso la porta della stanza si apre. E su di me la figura imponente della mamma che mi guarda scioccata: «Cosa stai facendo?». Io piccola ammutolisco di fronte a quello sdegno, a quel giudizio inaspettato. Il piacere si trasforma in pietra che mi porta a picco giù negli abissi del senso di colpa. Ho sbagliato. Sto sbagliando. Sto facendo una cosa che non si deve fare. Questo vuol dire che sono sbagliata.

Fine dei giochi.

Ora la voce di Jacques che ci invita a riaprire gli occhi mi spinge via, lontano da me stessa. Sto sbagliando di nuovo a desiderare, a lasciarmi guidare dal desiderio del corpo. Riapro gli occhi sentendomi distaccata dal gruppo, dal maestro, perfino dalla foresta. E una stanchezza pazzesca mi blocca a terra, sempre quella grossa mano che non lascia scampo.

Misticanza

Sera. Cena. Camino. Profumo di legna.

La luce remota di una casa dall'altra parte della vallata cattura la sua attenzione. Lara è seduta al tavolo grande contornata dalle compagne. Le tre fate del bosco sono tornate a essere donne normali, ma forse nei loro sguardi resta una lieve traccia della loro danza incantata, chissà. La giornata è volata dopo l'ultima meditazione. Ha riposato, scritto, pensato e in un lampo si è ritrovata a cena. L'insalata dell'orto di Giacomo Leopardi è presenza davanti a lei, misticanza, pomodori, e fiori. Ogni morso di quella verdura raccolta la mattina stessa le parla dell'odore che ha sentito in ogni foglia, del sole che l'ha riscaldata e della terra su cui ha camminato scalza. Forse anche le sue lacrime sono lì, in quei petali colorati.

Jacques l'ha messo a distanza, al bando. La visione del suo «sbaglio» di bambina l'ha chiusa a riccio, e il desiderio è volato via. Forse è così che è evaporata la giornata. Quando non abitiamo più il nostro corpo, il tempo passa sopra di noi con noncuranza. Sapendoci disabitate non si ferma a guardarci, ma anzi, ci scavalca. Lara è stata scavalcata. E in un istante si è ritrovata al grande tavolo, confusa nella chiacchiera generale. L'unica certezza, quell'insalata colorata, quella misticanza, la verità di quei sapori, di quei profumi che la ancorano al momento.

Jacques non l'ha cercata troppo durante la serata. È rimasto intrappolato nell'avido sguardo delle altre, che non hanno mai mollato la presa, subissandolo di domande sulla vita, sulla condizione umana. Ma la cosa straordinaria è che lui ha tutte le risposte, come se il suo meditare gli avesse rivelato punti di luce forte dove per la maggioranza delle persone c'è ancora il buio. Dentro quella spina dorsale dritta si nasconde la guida galattica all'universo. Lara si sofferma per un attimo su quella schiena, ma il desiderio che riaffiora sotto le ceneri la riporta subito in testa, a censurarsi, a giudicarsi. E subito si richiude, e proietta lo sguardo altrove, su quella lucina che balugina dall'altra parte della vallata.

La cena finisce. Una alla volta, le commensali mollano l'assedio e si dirigono verso le loro stanze, finché Lara, ancora persa nella sua non-presenza, si rende conto di essere rimasta da sola con Jacques. E se ne accorge perché lui le si avvicina. Le si avvicina molto. Le loro braccia quasi si sfiorano. Jacques guarda nella stessa direzione di Lara: «Io ti vedo. Lì, dall'altra parte della vallata. Sei lontana ma la luce è accesa».

Aria che esce dai polmoni per non sapere poi come rientrare. Lara va in confusione. Jacques continua: «La tua luce accesa è un invito a entrare?».

Lara lo guarda, persa come quella bimba che gioca

per terra con Barbie e Ken e non sa più se è giusta o sbagliata, ma si aspetta che sia l'adulto di fronte a lei a dirglielo. E l'adulto non dice ma fa. La bacia. In bocca. Deciso. E poi si distacca. La guarda, le sorride. Si alza. Esce. Se ne va.

Desiderio

Perché fa così a ogni ricreazione. Mi dà le botte e scappa, e se lo inseguo e gli chiedo perché lo fa mi dice cose brutte, mi dice che me lo merito, che sono solo una piagnucolona. Io mi arrabbio troppo e lo odio, gli urlo che non sono una piagnucolona, che non è giusto, che io non gli ho fatto niente, e poi alla fine gli urlo forte di lasciarmi in pace. Ma lui niente. Non molla mai. Anche in classe a volte lo fa. Mi dà fastidio, mi lancia le palline contro la schiena, io mi giro e lo vedo che se la ride come se fosse la cosa più divertente del mondo e io esistessi solo per essere presa in giro… Lo odio, non riesco a pensare ad altro.

L'altro giorno Rita mi ha detto che secondo lei fa così perché ha una cotta per me. Ma come? Se mi tratta male è perché gli piaccio?

Nocche

Sono venti minuti che Lara è di fronte alla porta della stanza, indugia, poi rientra, si controlla allo specchio del bagno e le sembra che quello che vede non vada del tutto bene. Non sapendo cosa mettere a posto per non parere eccessiva, ritorna fuori, cammina piano e si ferma davanti all'immagine del ruscello che scorre. Vorrebbe bussare ma poi arriva lo schiaffo: «E che, sei matta? Lui ti ha baciata e se n'è andato, tutto qui... Il che non ti dà certo il diritto di bussare alla sua stanza a quest'ora...». Torna in camera a guardarsi, immaginandosi Jacques che apre la porta e la vede. E cosa vede Jacques? Una Lara disperata e fragile, che lo vorrebbe tantissimo ma pensa di non meritarselo. Allora prende il rossetto, se lo puntella sulle labbra e subito lo rimuove con un pezzo di carta igienica per paura di sembrare troppo, se mai trovasse davvero il coraggio di bussare.

Cosa che a un certo punto fa, inconsapevolmente fa, decide che la sofferenza dello stare nel mezzo è troppa e che è meglio lanciarsi senza paracadute. E così. Mano chiusa a pugno. Nocche che battono. Due colpi. Attesa. Ormai è fatta, non si torna più indietro. E invece vorrebbe scappare, lanciarsi dalla finestra, tutto ma non stare lì davanti a quella porta a prendersi in faccia le conseguenze della sua azione folle!

Passa poco che sembra infinito. Piedi su legno. Mano che gira la chiave. Porta che si schiude. Jacques in mutande e maglietta. La guarda. Le apre del tutto la porta. Lara entra. Si guardano. La porta si chiude. Jacques si toglie le mutande. Subito. Così. Lara non giudica, anzi, si sente onorata. E allora si avvicina a lui che le prende le mani e le appoggia dove è già pronto, subito, così, senza nessun tipo di cerimonia. Non canta tre Om, non le chiede di chiudere gli occhi e sentire il suo cuore. Non condivide dei respiri con lei. No, dritto, al punto. Lara cerca da lì in poi di assecondare i desideri di quest'uomo-maestro che sembra una macchina da guerra. Lui la spoglia e le chiede e lo fa in un atto puramente fisico. Niente scambio di anime, solo e puro sesso. Che, per carità, non che non le piaccia. Però.

C'è qualcosa di strano, qualcosa che non va, che le bussa da dietro il cuore, che forse lei non vuole vedere. Pugno chiuso e nocche sulla porta. Ma lei non apre. A occhi chiusi abbandona il corpo e si rifugia nella testa, che fortuna che ho, il figo del maestro che tutte vogliono, questo essere altamente evoluto, ha scelto me. E così via. Finché l'essere altamente evoluto non finisce e non si sdraia esausto: «Sono stanco» dice, come per congedarla.

Lara non perde un colpo, raccoglie le sue cose, ne indossa qualcuna e in punta di piedi esce dalla stanza.

Spicchio di luna

Nel corridoio colgo un riflesso del frammento di luna crescente, spicchio di luce appesa nel cielo nero. Quel frammento di luce, in mezzo al buio, mi guarda per un attimo, e io mi lascio guardare. E poi guardo a mia volta, mi vedo riflessa, vedo solitudine. Non so se mia o della luna, o forse di entrambe. Entrambe riflesso del sole, entrambe lì a catturare quei pochi raggi che lancia la stella incurante, a prendere grate quel che c'è.

Videoracconto

Lara viene svegliata dallo squillo di un messaggino sul telefono: «Ciao Lara, come procede? Aspettiamo videoracconto della giornata di ieri, il cliente chiede che sia pubblicato entro le 13 di oggi. Baci, Raffa». Merda, pensa Lara. Mi sono così rincoglionita che, dopo il primo video, mi sono totalmente dimenticata del perché sono qui!

Ecco il risveglio di Lara nella magica cornice di Fontenuova: secchiata gelida in faccia di sensi di colpa. Quello che è successo con Jacques la sera prima le sembra un regalo immenso, una benedizione, come se lei fosse l'eletta, che era stata destinata fin da bambina a grandi cose. E forse tra quelle grandi cose c'era pure scoparsi Jacques Reve, il guru del momento, voluto e sognato da tutte le donne, sceso dal suo piedistallo per portarsela a letto.

Però Lara quella sensazione di disagio la sente, e non capisce.

È stato lui a prenderla, non lei a saltargli addosso. Sì, però lei ha bussato alla sua porta, di fatto. Ma lui è andato subito al sodo. E quindi perché quel senso di colpa alla bocca dello stomaco misto a vergogna? Vergogna verso chi?

Lara guarda l'ora: 8.45. Ha tempo. Cerca di concentrarsi e le viene un'idea: farò un video di me nel bosco mentre racconto l'esperienza di ieri con spezzoni di quel poco che ho filmato durante le pratiche.

Si veste, si trucca, si fa carina un po'. Pensa alle cose che può dire. Pensa a ieri. E un flash del maestro nudo che la guarda quasi minaccioso le rovina la scaletta. Porca miseria, ma cosa diavolo è successo ieri? Cosa ho fatto?

Come se a farlo fosse stata da sola…

Scende di corsa le scale, pregando di non incontrare nessuno, men che meno Jacques. Che imbarazzo, pensa. Scende le scale e si ritrova nella sala colazione, piena di gente, anche di lui, lì, al centro del suo Sistema solare, con i pianeti donne che gli girano intorno felici. Lara accenna a un mezzo sorriso. Si mostra di corsa, impegnata. Esce. Fuori. Respira. L'aria della foresta è bella e buona. Con quell'aria lei ci può parlare, e si può anche far ascoltare. Si guarda intorno in cerca di luce e trova un punto poco distante, dove un piccolo prato la invita a sedersi. E così appoggia il telefono all'albero e inizia controvoglia il racconto.

Lo fa quattro volte. La sensazione di essere falsa è talmente forte che la spinge a rigirare il video cercando di esser più sincera, senza provarci davvero. Finché non si stufa e si alza.

Lara ha studiato all'Opéra di Parigi. Ha calcato i più importanti palchi del mondo. E ora ritrovarsi a comunicare con una piccola scatola invadente la fa sentire stupida. «Valgo meno di tutti quei ragazzetti che sono ormai influencer professionisti» si dice nello sconforto. «Ma sono qui per questo, e devo riuscire. Non ho scelta.»

Voce vera

Camminando in cerca della mia voce vera da prestare a quel filmato finto incontro il ruscello gelido che ieri ho guadato scalza. Mi tolgo le scarpe e riprovo a immergerci i piedi. Per fortuna funziona. Rido. Tutto si scioglie. La scenetta di me con il telefono in mano non mi sembra più ridicola e drammatica ma divertente. Accendo il video e inizio. Riporto l'esperienza lasciando la parola ai sensi, racconto di come sia stato bello tornare in contatto con il corpo, con i piedi che mai hanno sentito così, liberi finalmente. E di come tutto ciò abbia calmato il mio cervello-tiranno. Non è questo, in fondo, lo scopo ultimo della meditazione? Una mente calma?

Frutto-poesia

Lara mostra ai suoi follower gli alberi e la luce che filtra tra le foglie, i piedi massaggiati dalla terra che si fanno mappa del territorio. Senza accorgersene è arrivata al recinto dell'orto biodinamico di Giacomo Leopardi. E lì ferma il racconto. Tutto è stato detto, il sole brilla forte e certo ma anche dolce e soffice, come se si potesse davvero essere queste due cose insieme: morbidi e certi, presenti e delicati.

Per un attimo dimentica l'imbarazzo e la vergogna, le nocche sulla porta e la franchezza di Jacques. La nudità della sua voglia.

Al centro delle file di verdure, ben curate e insieme selvagge, l'uomo-sole, alto e imponente, la nuca lucente rotonda come una mela, zappa e sposta zolle di terra. Maglietta chiazzata di sudore e sporca di fango, pantaloni marroni, abbronzatura da contadino, di quella che lascia il segno.

Lara non si accorge ma gli si avvicina, si ferma, lo guarda. È come ipnotizzata, senza pensieri davanti a quella visione. Giallo sole, verde foglie, farfalle e api, mosche e gioia. C'è qualcosa di così buono che le viene voglia di assaggiarla, quell'immagine lì davanti a lei, quel quadro in movimento che le danza davanti. Un'orchestra di vita che suona incurante di lei o di chiunque. Non ci sono perfezioni da ottenere, non ci sono crediti per partecipare a questa scena. Quello c'è, con o senza di lei, con o senza di lui, con o senza Jacques Reve e le sue meditazioni così bianche e linde, così giuste.

Un insetto le passa davanti. Un soffio d'aria, e Giacomo Leopardi si gira di scatto. La vede.

Lei prende fiato per dire: «Ciao, scusa sono finita qui per caso. Che bello il tuo orto. Fai tutto tu?», e invece non fa in tempo, Giacomo posa la zappa a terra e le fa cenno di entrare. Un cenno che sembra un ordine.

Lara ubbidisce. Apre il cancello di legno, che scricchiola e cigola a ogni suo movimento, fa un passo, incerto, verso tutta quella bellezza.

Di nuovo non fa in tempo a pensare a qualcosa di intelligente da dire che Giacomo le lancia una zucchina gialla. E lei, con riflessi che non sapeva di avere, riesce con un gesto goffo e sbagliato a prenderla al volo. Giacomo di nuovo le ordina: «Assaggia!».

Lara lo guarda. Finalmente parla. «Questa? La zucchina? Cruda?»

L'uomo-sole si avvicina, sudato e in disordine: «Non è una zucchina, Bianca, è un frutto-poesia».

Lara non capisce, da quando la zucchina è un frutto? E perché la chiama Bianca anche se sa benissimo il suo nome? Sarà ancora la Biancaneve di quando si sono incontrati l'altra sera? Nel dubbio, addenta.

Un dolce succo le esplode in bocca: la zucchina è un

misto perfetto tra un cetriolo fresco e un sapore di sole che non credeva potesse materializzarsi in una verdura o frutta che sia. Il sole in bocca.

Lara si sente riportata nel torrente, la passeggiata con le fate del bosco, scalza, le risate e la libertà. Rivive nei piedi la sensazione di leggerezza, la convinzione che tutto può essere facile perché tutto, in fondo, lo è. Vento e allegria tra i capelli che le entrano dentro a creare una certezza che diventa casa, un ritorno all'origine, dove non esistono dubbi o quella temutissima paura di essere sbagliata. Torna lei, torna una semplice zucchina, si accorge di aver fatto un viaggio.

Un mezzo dubbio le attraversa il cervello: forse Giacomo coltiva zucchine allucinogene?

Il tempo di un attimo e ritorna in sé, guarda stupefatta la sua mano che tiene il «frutto» gocciolante e l'uomo-sole che sembra pazzo. Forse è la semplice follia della droga-natura?

Si guardano nel mezzo dell'orto biodinamico e non c'è bisogno di dirsi nulla, Lara non ha più voglia di nascondersi dietro le parole. Lo sanno entrambi, anzi lo sanno tutti e tre. Lei, lui e la zucchina gialla: questa si chiama Felicità.

Giacomo la guarda assorto e poi…

Passata è la tempesta:
Odo augelli far festa, e la gallina,
Tornata in su la via,
Che ripete il suo verso. Ecco il sereno
Rompe là da ponente, alla montagna;
Sgombrasi la campagna,

E chiaro nella valle il fiume appare.
Ogni cor si rallegra, in ogni lato…

«Ma le "tue" poesie le sai a memoria?» gli chiede lei stupefatta.

Cor

... ma poi continua tra sé e sé...

Ogni cor si rallegra, in ogni lato
Risorge il romorio
Torna il lavoro usato...
[...]
Ecco il Sol che ritorna, ecco sorride
Per li poggi e le ville. Apre i balconi,
Apre terrazzi e logge la famiglia:
E, dalla via corrente, odi lontano
Tintinnio di sonagli; il carro stride
Del passegger che il suo cammin ripiglia...

Paradiso

Il resto del pomeriggio trascorre tra i fiori, che accompagnano spiritualmente la crescita delle verdure, le coccinelle che tengono lontani i parassiti, le farfalle che arrivano perché il bello richiama il bello, e mille altre cose stupende che impara in quelle poche ore insieme a Giacomo Leopardi nel suo magico angolo di paradiso. Dimentica di tutto quello che è successo, succede e succederà giù sulla Terra.

Ma a un certo punto anche il paradiso finisce e li invita a tornare. Rientrati in cucina, trovano verdure di ogni forma disposte sul banco. Una natura morta piena di vita.

Lara si risveglia dall'incantesimo e si accorge di essere rimasta sola con Giacomo nell'agriturismo. Di Jacques e delle altre donne non c'è traccia. In effetti si sono dilungati tanto nell'orto e il tempo deve essere sfuggito di mano. Lara si dispiace, chiede timidamente a Giacomo se sa se Jacques sia partito. Lui risponde di sì, leggero. Lei si zittisce un attimo e pensa a quanto sia stata stupida a evitarlo tutto il giorno… Si dice che avrebbe dovuto salutarlo, chiedergli il numero di telefono. E invece niente. Lui se n'è andato. E lei è rimasta a mani vuote. Persa forse per sempre la sua occasione di essere speciale, accompagnata a un uomo speciale. Chissà cosa avrà detto lui del suo essere scappata, avrà pensato che fosse una bambina immatura e che una donna così non facesse per lui.

Dietro il tavolo, una finestra si spalanca sulla vallata. Ed ecco che Lara viene assalita da un'altra malinconia, quella di sapere che dovrà aprire la porta e dire addio a tutto questo. Il vuoto in pancia di tornare alla realtà. Le bimbe che forse saranno arrabbiate per essere state lasciate due giorni, e poi una casa che presto non sarà più casa.

Che poca voglia ha di aprire quella porta e uscire. Ma l'invito a restare a cena davvero non può accettarlo. Deve liberare tata Sally, deve tornare a casa.

Con il passo deciso di chi non concede spazio all'incertezza, Giacomo attraversa il salone e si dirige al tavolo delle verdure. Dandole le spalle, sussurra: «Dunque, signorina Biancaneve, siamo pronte per partire?».

Lara sorride. «Vado, ci rivedremo presto, spero.»

Giacomo si gira verso di lei con un bouquet di zucchine gialle, rape, carote e fiori. «Siamo qui tra i monti a cantare alla luna, a ballare con la terra, torna quando vuoi.»

TERZA PARTE

Il deserto

Ruote

Il ritorno in città è disorientante. È quasi buio ma il caldo si fa ancora sentire, nel deserto di asfalto che nega a Lara qualunque benvenuto. «Ciao Torino» sussurra lei, piano, e poi spegne il cervello fino a casa. Infilando la chiave si ricorda che al di là della porta non troverà monti, ruscelli e verdure, ma scatoloni da riempire, frammenti di vita e di cuore da ricomporre. Un puzzle impazzito. La porta scatta, gridolini di bimbe nel bagnetto. La voce di Sally: «Adesso basta, ho detto che l'acqua non si lancia».

Lara sente la voglia di stringere le sue figlie tra le braccia. «Sono tornata!» dice, e loro: «Mamma, mamma». Eccolo lì il benvenuto di cui aveva bisogno, il più bel benvenuto di tutti, e lei nemmeno lo sapeva. Entra in bagno, la tata sta pettinando le bambine che sono ancora nella vasca.

È così presa nella parte che sembra quasi lei la mamma, pensa con una scossa. Ma forse la scossa è il bip di un messaggio in arrivo. Lara prende il telefono, poi si ricorda che è appena arrivata, lo mette via anche se con la coda dell'occhio fa in tempo a vedere un numero non registrato. Ci penserà dopo, si dice, ora ci sono due angioletti da riprendersi, e un ruolo da riabitare.

«Amori della mamma, ma un bell'abbraccio me lo date o no? Mi siete mancate un sacco.»

Le bimbe scavalcano la vasca eccitate e fanno a gara a chi viene presa prima, a chi abbraccia prima. E ora l'idillio della famiglia si ricompone nella verità vera che è. Bimbe che litigano, acqua ovunque, mamma prendi me, l'ho detto prima io, no io, Lara che cerca come sempre di accontentare entrambe e si imbarca nell'incerta impresa di avvolgerle nello stesso asciugamano e farle uscire insieme dal bagnetto. E poi abbracci e baci bagnati e ancora lotte a chi si conquista più spazio per assaltare la mamma appena tornata.

Sally nel frattempo ha messo a posto il bagno e lancia un saluto alla bimbe, che salutano a loro volta, in uno scambio amorevole. A Lara arriva solo un «arrivederci signora»; poi, senza aspettare risposta, la donna esce. Lara le grida un «Grazie Sally» ma la porta si è già chiusa. Ora tocca tutto a lei.

Porta Alice e Alina nel lettone con l'intento di farsi da tramite del bosco e dei monti, di tutta quella meraviglia appena vissuta e mangiata, di farla arrivare alle sue bambine chiuse in città. Vittime della separazione, sono piccoli esseri vibranti a cui Lara ha dovuto sempre mettere un freno, perché lo spazio che richiedevano era smisurato come l'infinito. Le due gemelle diverse ora le raccontano di tutte le litigate fatte in quei due giorni, perché Alice aveva preso il gioco di Alina e perché Alina si era vendicata colorando gli occhi della bambola di Alice. Racconti di litigate che si susseguono vorticosamente e generano altre litigate.

Mentre ascolta e annuisce, Lara arriva in cucina, tira fuori la pentola, la riempie d'acqua e la mette sul fuoco. Chiama le bimbe: «Ragazze, venite a vedere che verdure stupende ha portato mamma dalle montagne». Le bimbe entrano correndo e spingendosi. «Guardate che colori queste verdure, sentite l'odore, le ho raccolte io poche ore fa» dice Lara fiera alle sue figlie, immaginandosele fiere a loro volta di una mamma così magica che raccoglie verdure nell'orto. E invece.

«Ma i nostri regali, mamma?» chiede Alina. Lara non se l'aspettava, non aveva assolutamente pensato a un regalino per le sue bambine. Allarme rosso nel cervello, entra in modalità «riparo errore» e pensa pensa ma non trova nulla. E poi: «La mamma amore vi ha portato queste zucchine meravigliose con cui adesso vi cucina una deliziosa pasta». Silenzio. Alice si avvicina alle zucchine gialle: «Sembrano fatte di sole». Una speranza si accende in Lara: «Sì, amore, brava! Sono fatte di sole, chiudi gli occhi e sentine il profumo». Così fa Alice seguita ovviamente dalla sorella. «È vero», dicono all'unisono, poi si guardano e scoppiano a ridere. E corrono via.

Lara taglia le zucchine, e ripensa a quello che le aveva raccontato un giorno la sua amica Nora. Il padre aveva abbandonato la madre quando lei era piccola, e la madre, presa dal suo dolore, non aveva mai saputo vedere la figlia, ascoltarla profondamente, connettersi con lei.

E così Nora aveva sviluppato grandi problemi di autostima, continuando ad accettare situazioni inaccettabili e, contemporaneamente, covando una rabbia che l'aveva accompagnata fino all'età adulta.

Ma ora la sciamana l'aveva invitata a lasciarla andare, questa rabbia. Doveva imparare a dire basta, facendo uscire quel basta dal corpo, dando colpi al materasso, colpi di coltello mentre cucinava, tagliando via quello che per lei non era più sostenibile, dicendo un no a ogni tocchetto di carota, finocchio, zucchina. Basta, diceva la lama. E giù a decapitare teste di rapa. Nora le raccontava che visualizzava la persona o la cosa a cui dare un taglio e poi giù con il coltello sulla verdura.

Lara se ne ricorda in quel momento e decide di farlo anche lei. Le bambine sono di là a guardare un cartone, può concedersi quell'esercizio.

Chiede al cervello da dove voglia partire ma l'immagine le arriva dalla bocca dello stomaco. Un'immagine che non si sarebbe mai aspettata. Lara vede Jacques Reve – perfetto nella sua nudità – che la prende con prepotenza, con ingordigia.

Ma non era il principe azzurro? Il guru più desiderato della scena? Il re della meditazione?

Non posso tagliare Jacques Reve, il sogno di tutti i sogni, decapitarlo sul mio asse di legno.

No, non si fa.

Lui no.

Lui è spirituale e giusto. Giustissimo direi. E io ho avuto l'onore di essere stata scelta. Penso ad altro.

Ma certo! Troppo facile, iniziamo dal senso di colpa che la sveglia la mattina.

Un grumo di emozioni le parte dal plesso solare e raggiunge con forza le braccia, una mano afferra la zucchina, un'altra il coltello, e giù, con impeto, a tagliare, forte, giù. E giù la rabbia a mille perché… Perché lei non era stata in grado, perché lei non era stata abbastanza, perché lei non era stata… Perché lei non è.

Uragano dentro. Lara deve fermarsi. Ha provato a reprimere quel dolore nel fondo dei suoi abissi e ora sente uno tsunami in arrivo. Deve fermarsi. Le bambine sono in casa, il mostro che sta per uscire potrebbe annientare tutto, si dice, a iniziare da lei. Blocca la mano. Si lava la faccia, acqua gelida.

E l'immagine del ruscello gelido la viene a salvare.

La sensazione le penetra subito sotto la pelle e le ricorda che non sta per essere ingoiata dagli abissi, perché il suo corpo è anche altro, è un corpo che ha svolazzato tra le farfalle e ha trovato la gioia poche ore prima. Il dolore si scioglie, si trasforma in goccia, in vapore, nello strato di aria leggera che si placa in un momento di calma apparente.

Lara finisce di cucinare, cercando di tenere le emozioni a un livello consentito dalla legge. E per un attimo si sofferma, mentre gira le zucchine, su quale potrebbe essere questo livello. La società non può concedersi di dare troppo spazio alle emozioni, altrimenti si fermerebbero tutti per strada, al lavoro, in macchina. E per un attimo si immagina la città indaffarata, dove tutti corrono e lavorano a ritmi indemoniati, che si paralizza davanti a un'intermittenza del cuore: c'è chi improvvisamente si accascia per terra in preda alla tristezza, chi in macchina urla di rabbia, chi al telefono con l'innamorata si blocca, sopraffatto da tanta bellezza. Una città dove le persone sono libere di sentire tutte le loro emozioni all'intensità in cui sono realmente. E invece, per andare avanti, le emozioni tocca tenerle a bada. Sotto la soglia di allerta. Due o tre su dieci.

«La cena è pronta» chiama Lara, e come sempre nessuno risponde. Se le bimbe guardano i cartoni non sentono altro che quello, anestetizzate dal mondo. E allora Lara deve andare nel salone pieno di scatole, cercare il divano e piazzarsi tra le bimbe e la tv. «Cucciole, mamma vi sta chiamando per mangiare, venite.» Alina: «Ma ora è il momento più bello». Alice: «Io non ho fame». Lara sbuffa, odia quando si fredda la cena. Perché quando finalmente sarà riuscita a portarle a tavola, la pasta sarà gelata e le bimbe protesteranno: «Ma la pasta è fredda!», e questo la fa uscire di testa. Ma Lara non vuole uscire di testa, vuole mantenersi a un livello tra il due e il tre, vuole essere quella mamma sorridente e amorevole che sa parlare con le sue figlie senza alzare la voce e senza sbroccare. Quella mamma che sa mettere in pratica la genitorialità gentile e le bambine l'ascoltano e fanno quello che dice lei perché il metodo gentile funziona sempre.

Lara ci riprova: «Per favore bimbe così si fredda tutto e poi non vi piace, vi devo raccontare un sacco di cose, venite con mamma che mi siete mancate un sacco», sorriso. Davanti a lei due bimbe che manco la guardano, figurarsi se l'ascoltano.

Lara inizia a irritarsi, il livello sale, siamo a quattro. Si gira e cerca il telecomando, mentre continua la sua attivazione della mamma che sa condurre le sue figlie con amore.

«Bimbe mie, ora basta, lo avete già visto questo episodio di George», il telecomando non si trova e il livello sale. Siamo a sei. «Bimbe, per favore, la mamma vi parla, mi ascoltate? Dov'è il telecomando?», nessuno risponde. «Pronto, c'è qualcuno?» Il tono si è alzato, Lara sente otto e parla come un sette.

Alice la guarda, finalmente. «Ali, andiamo a mangiare, ora basta questa tv.» Alina risponde per entrambe: «Ma noi non vogliamo! Questa parte è bellissima».

Lara è arrivata in cima ai numeri, è seduta in braccio al dieci. E allora esce quello che non voleva: «Ora basta, mi sono stufata! La tv non ve la faccio più vedere! Siete due zombie davanti a questo schermo!». Nel dirlo intercetta finalmente il telecomando e afferrandolo all'apice dell'esasperazione spegne la tv. Fine, un colpo secco. Ora silenzio. Alina urla, anche lei arrivata in un lampo dalla pace dello zero al dieci più acceso: «Sei cattiva! Noooooo, perché hai spento!». E poi: «Spengo io!». La bimba ora urla e piange, una sirena che mette Lara in allarme.

Ecco, ho sbroccato di nuovo. Che madre di merda, si dice. Nonostante i due giorni in paradiso non sono riuscita a mantenere la calma per più di mezz'ora.

Cerca di recuperare. Perché il libro sulla genitorialità gentile diceva proprio così: «La cosa importante poi è riparare». Lara accende la tv tra le urla, tende il telecomando ad Alina e le dice: «Tieni spegni tu». Alina lo prende tra le lacrime e spegne. Ora la calma torna nella casa. Un attimo, e poi Lara può prendere le sue bimbe e portarle in cucina.

La pasta è ancora tiepida. Si siedono tutte e tre al tavolo. Lara prova a spiegare: «Bimbe, quando guardate la tv non ascoltate più, e allora mamma dopo un po' perde la pazienza... Mi dispiace di aver urlato ma è davvero difficile per me se non mi ascoltate. Vi piacerebbe se, quando mi chiedete di venire a vedere una cosa subito, io non rispondessi? E continuassi a non rispondere anche se voi me lo ripeteste più e più volte?». Le bimbe ora si concentrano sulla pasta e tra una boccata e l'altra la ascoltano serie. La fame in realtà c'era. E, mangiando, tutti i livelli tornano a uno stato neutrale, il pacifico zero. Il cerchio perfetto che mette tutto al suo posto.

Ora che la pace è tornata Lara ha spazio per ricordarsi di aver ricevuto un messaggio appena entrata in casa. Guarda il telefono.

«Cara Lara, non ti ho più vista all'agriturismo. Spero tu stia bene, è stato un piacere conoscerti, Jacques.»

Colpo alla pancia che le spalanca un sorriso, le si accendono le farfalle che prendono a volare ovunque dentro di lei. Lui ha cercato il suo numero e le ha scritto. Wow. Che figo. E che figata. Allora è proprio vero che la vita è bella. Guarda grata le sue figlie e le zucchine al-luci-no-gene fatte del sole di Giacomo Leopardi. Poi guarda il tagliere appoggiato sul lavandino con le zucchine decapitate e il coltello a riposo. Pensa al povero e innocente Jacques, che poco prima ha pensato di castrare e che invece è tornato in sella al suo cavallo bianco. Pensa anche alla sua pazienza che evapora in un attimo. Perché si è arrabbiata prima? Per una pasta che si fredda? Perché non si sente ascoltata? Da due creaturine di anni sei?

Inebriata dal messaggio di Jacques si riallinea alla realtà in maniera diversa. Ha tutto per essere felice, si dice, e allora perché a volte scende così in basso e diventa una brutta persona?

Si deve dare una calmata, questa è la verità.

È ora di richiamare la sciamana e continuare il percorso.

Compiti

La sciamana le dà appuntamento per la settimana seguente, affidandole due compiti.

«Ti chiedo, quando ci vediamo, di portarmi due disegni: uno delle tue paure e un altro dei tuoi sogni. Non pensarci troppo, non fare questo esercizio in maniera troppo razionale. Prendi il foglio, collegati alla paura e disegnala. Poi prendi l'altro foglio, collegati ai sogni e disegnali. Cerca di divertirti. Ci vediamo mercoledì.»

Lara prova a eseguire il compito senza pensare, senza lasciarsi trascinare in una voragine di dubbi e di sensi di colpa, perché lei ha deciso che la vita può essere bella, glielo ha detto Jacques con la sua presenza e glielo confermano ogni giorno le sue figlie.

Non ha mai ricevuto un compito del genere, perlomeno non da adulta. Ma Lara è brava, fa sempre il suo dovere, come un soldatino ben addestrato. Quindi si concentra su quello. Aspetta che le bambine vadano a dormire, si siede con i due fogli e le scatole delle loro matite colorate. Decide di iniziare dai sogni, le sembra più facile. Anche perché non ha intenzione di metterci molto, vuole fare quello che deve fare e andare a dormire. Gli occhi fissano il bianco del foglio. Lara cerca. I sogni... Chiede al cervello di suggerirle l'immagine da disegnare, ma niente. Vuoto cosmico.

Come è possibile, si guarda dentro sorpresa, ci deve essere un errore, sarò troppo stanca. Si appoggia con la schiena alla sedia, chiude gli occhi per un istante, le tocca ammettere la sua sconfitta momentanea. Non se lo aspettava proprio. Se fosse brava andrebbe a dormire, ma finché non riesce a disegnare qualcosa, è prigioniera del compito che le è stato assegnato. È sempre stata così, il suo senso del dovere non le dà pace. Allora inizia ad aprire i cassetti dentro di sé, quelli di quando era bambina e le giornate erano piene di sogni, le notti pure: le notti i sogni si disegnavano nel suo cuore e di giorno lei se ne vestiva. Lara cerca in quella bambina. Chiede a lei di prestarle i suoi sogni.

Lara piccola sognava di fare la ballerina, poi sognava di salvare tutti i cani del mondo e accoglierli in un rifugio nel cuore di una grande oasi. E poi, naturalmente, Lara sognava il principe azzurro, che arrivava a salvarla, che la vedeva e la amava come nessuno mai. Lui principe, lei principessa. Che vivevano per sempre felici e contenti.

Lara ora guarda il foglio bianco, cerca di capire se le immagini che le sono appena state prestate dalla lei piccola possano essere contenute in quel foglio. Oggi. Cosa c'è ancora di vero per lei in quei sogni?

Lara alla fine ballerina lo è diventata, e dopo un po' se n'è pure stancata rendendosi conto che quell'applauso del pubblico tanto agognato in realtà non curava nulla. I cani poi non li ha salvati, e ora la visione dell'oasi degli animali è sbiadita del tutto. E il principe azzurro? Quello è arrivato ma, poiché lei non era una principessa, è scappato a gambe levate. O il vero principe venuto a salvarla è Jacques?… E allora forse una speranza ancora c'è?

E adesso che cosa sogna? Ecco finalmente un'immagine che inizia a formarsi dentro di lei. Una casa di campagna. Calda da camino acceso. Una casa in legno che fa casa. Lei seduta sul tappeto davanti al camino acceso, le sue bimbe accanto. Stanno bene, tanto. Sono serene, tanto. Quella Lara lì è una donna forte, sicura di sé, tranquilla. Non è prigioniera delle sue ansie, non è prigioniera delle aspettative esterne. È una donna risoluta, ma anche morbida e amorevole. È compiuta. Lavora e guadagna e riesce a mantenere se stessa e le sue figlie. Si sente tranquilla, quella Lara lì, non ha paura. Perché sa che può cavarsela sempre. E per farlo non ha bisogno di nessuno. Non è più quella Lara che pensa che solo attraverso un uomo andrà tutto bene e ogni cosa sarà sotto controllo. È una donna indipendente, che sa badare a se stessa. E questo stato di serenità interiore riverbera sulle sue figlie, che le siedono accanto belle, solari, felici. Lara sente che in questo disegno, che le si sta compiendo dentro, forse un uomo c'è, ma al momento non si vede. Forse è andato a prendere la legna. Perché non è protagonista, ma una parte di: è un compagno che arricchisce il quadro ma non lo sovrasta, non lo definisce.

Lara prende il giallo e il rosso per il fuoco, il marrone chiaro per la casa, il blu per il cielo che si vede dalla finestra, il rosso e il verde per il tappeto, e poi tenta di disegnare se stessa seduta a gambe incrociate, una figlia da una parte e l'altra dall'altra. Intorno alberi, e loro al centro che sorridono. Lara, mentre disegna, sente la forza di questa immagine entrarle dentro, come se la stesse vivendo. E sente tanto profondo benessere.

Quello che sembrava essere un esercizio banale si rivela un viaggio bellissimo. Lara si emoziona, la mano non riesce a fermarsi. Vuole rendere quel disegno il più bello possibile. Colorato, pieno di luce e amore. E mentre dà sfogo alla visione sul foglio, l'emozione dentro le sue cellule si fa sempre più viva. Ogni cellula vibra di quell'immagine così semplice e infinita.

Lara finisce. Stacca la mano dal foglio, guarda il suo disegno. E contempla il suo sogno appena scovato. È bellissimo. Riuscirà mai a realizzarlo?

Ora deve trovare un lavoro, rendersi economicamente autonoma, guarirsi, amarsi, accettarsi. Sa di dover fare tutto questo e allo stesso tempo non riesce ancora a concederselo. A concedersi anche solo di saperlo. Si aggira ancora confusa con la vaga speranza che la soluzione, la salvezza, arrivi da fuori. Come se non dipendesse da lei. Eppure.

Ora il secondo foglio la guarda. Subito blocco alla pancia. Da piccola Lara aveva paura del buio, degli alieni, degli assassini, di quelli che rubano i bambini, dell'uomo nero. Ora Lara di cosa ha paura? Che immagine ha la sua paura?

Questa volta la risposta arriva subito. Certa. Un'immagine forte che la lascia ferita davanti alla sua verità. Non è un caso, forse, che la paura sembri il suo sogno capovolto. Lara nella sua immagine di paura è da sola. Nel buio. Nel buio del senza speranza, nel buio del non avercela fatta, nel buio dell'abbandono, sola con niente e nessuno intorno. Nessun colore. Prende la matita nera e inizia a disegnarsi al centro del foglio. Un puntino inutile, solitario, nella vastità della pagina. Lara ha paura di non farcela e di perdere tutto, teme che il crollo che si è innescato con la separazione continui a mangiarsi vita, e che piano piano tutto intorno a lei inizi a sparire.

Non sono più

La mattina in cui mi sono svegliata e mi sono sentita sola come mai in vita mia, mi sono girata e alla mia destra c'era lui, come sempre da sei anni.

Immagini della sera prima mi assalgono al petto.

In cucina il rumore della lavastoviglie che lava via la cena di noi quattro. E la mia frase che lava via il resto: «Non sono più». Così, non sono più, non so cosa intendessi, troppe cose per dirne solo una, e allora ho lasciato la frase aperta, a mezz'aria. Non sono più tua moglie, non sono più disposta a lottare, non sono più dentro questo noi, non sono più.

Un passo alla volta

Il giorno dopo Lara porta le bimbe al campus estivo organizzato dalla scuola di musica. Come sempre, passano davanti alla chiesa della Madonna del Paradiso, ma questa volta c'è qualcosa di diverso. La porta è aperta e Lara sbircia dentro. Vede candele accese e poco altro, ma non le basta, vuole di più. Le bimbe la chiamano, Alina ha fatto cadere il quaderno, Alice la prende in giro, si accapigliano come due cuccioli, e mamma Lara torna presente.

Sono giunte di fronte alla scuola, entrano, le accoglie un lungo corridoio colorato, dalle stanze provengono suoni di flauto, qualche timida nota di clarinetto, il gracchiare di un violino principiante.

Lara consegna le gemelle alla maestra di pianoforte, non senza difficoltà. Alina come sempre non vuole, ma come sempre la maestra riesce a convincerla.

Per fortuna, si dice Lara sollevata. Esce, scrollandosi di dosso la fatica. Si incammina verso casa ma ripassando davanti alla Chiesa non resiste e risponde a una specie di strana chiamata: dentro, la grande navata è spoglia, deserta. In fondo, campeggia una statua della Madonna, con il cuore trafitto dalle spade, gli occhi rivolti al cielo. Lo sfondo dorato eleva la sofferenza di questa donna a una dimensione speciale, sublime, universale. Forse è questo ciò che si intende per spirituale.

Lara si siede nell'ultima panca della chiesa vuota e àncora il suo sguardo nel suo. Qualcosa di inspiegabile la induce a unire le mani in preghiera.

Lara non è religiosa, non lo è mai stata, eppure porta le mani giunte al cuore. È più forte di lei. Sente che quella donna, trafitta dal dolore e rivolta alla speranza, la può ascoltare, che a lei può chiedere davvero, perché potrà capirla.

E allora, in un gesto di disperazione, lancia quella che sembra un'orazione alla statua che ha davanti.

Lara prega. Per se stessa. Chiede salvezza. Chiede di essere condotta sulla strada giusta per lei e per le sue bambine.

Davanti a quella donna trafitta confessa di non sapere più nulla. Ammette che forse ha sbagliato. Che forse ha peccato.

«Per favore» chiede. «Dimmi cosa devo fare perché io non lo so più. Quello che pensavo giusto non è più giusto. Quello che pensavo giusto si è sgretolato sotto di me. Sono seduta sulle macerie. Aiutami.»

UN PASSO ALLA VOLTA.

Questo emerge come fosse un consiglio che lei stessa si sta dando ma che porta dentro una calma e una sicurezza che non le appartengono. Sono parole sue ma non sue. Un passo alla volta. Lara guarda la statua. «Sei stata tu?» Poi ride di se stessa. Sulla porta, le mani senza volerlo fanno il segno della Croce.

Nuvole

Uscendo dalla chiesa l'atto di respirare sembra meno macchinoso del solito, l'aria meno pesante da spingere dentro ai polmoni. E allora decide che è il momento. Prende il telefono e apre WhatsApp. Sorride ancora una volta, e poi: «Grazie, Jacques, sono stata felice anch'io di conoscerti e felice di ricevere questo messaggio. Vediamoci, Lara». Poi preme invio e lancia nel mondo il suo azzardo.

A casa trova ad attenderla una lettera dei padroni di casa in cui le ricordano che tra un mese e mezzo esatto l'appartamento dovrà essere sgombro, pulito e imbiancato come l'ha trovato. Lara si guarda in giro, solo pochi scatoloni fatti, nuova casa ancora non trovata, manco cercata. Groppone allo stomaco. L'aria che era entrata poco prima esce fuori a sorsi. Ecco di nuovo quel senso di sconfitta che torna forte nel corpo. E la testa non può niente davanti alla cruda verità della situazione.

In quel momento, arriva un messaggio. È Jacques. Il cuore ricomincia a pulsare. La felicità si accende in pancia, e poi. «Grazie Lara. Sono molto impegnato con i miei seminari in questi mesi. Se vuoi ti lascio la mia pagina internet così vedi le prossime date del mio tour.»

Schiacciata. Come, date del tour? Cosa deve fare Lara, mettersi in fila con tutte le altre? Aveva creduto di essere stata scelta, prescelta, e ora si ritrova a dover cercare su internet la data di un seminario per sperare di rivederlo?

Se il grande guru non riesce a trovare cinque minuti per lei, vuol dire che non è interessato, su questo non ci piove. Ma lei, lei, come aveva fatto a illudersi così? A essere così ingenua? A non capire? Che stupida. La solita stupida.

Quella che sembrava una giornata di sole si sta velocemente annuvolando. Ora le scatole sembrano più grandi, il caos del salotto irredimibile. Non ce la posso fare, pensa Lara, con il respiro un po' affannato, lo sguardo perso in un vuoto che non le concede appigli. Ma il peggio deve ancora arrivare. Una chiamata dalla scuola di musica, la segretaria che le chiede di andare a prendere le bimbe in anticipo perché la responsabile le vorrebbe parlare. Ecco, pensa Lara, siamo a posto.

Alla scuola di musica la attende la signora Mariapia, la direttrice. È una donna dal sorriso dolce, che porta bene i suoi anni, capelli bianchi pettinati dal parrucchiere, camicia crema con roselline rosa. Una dolce donna elegante, pensa Lara sollevata, non potrà farmi del male.

La signora Mariapia la invita a sedersi, intorno a lei certificati e diplomi, foto di strumenti ovunque che rendono le pareti verde pisello meno detestabili.

La direttrice le sorride: «Grazie di essere venuta subito. Ci tenevo a parlarle e non volevo farlo davanti alle bimbe».

Momento di silenzio. Forse Lara dovrebbe dire qualcosa ma non sa cosa. Ha troppa ansia, allora sorride anche lei.

La signora Mariapia continua: «Le gemelle sono sempre state brave e attente e molto portate per il pianoforte». Ma... pensa Lara, adesso arriva il «ma»... Mariapia continua: «Ma... la questione è che da qualche tempo vediamo dei cambiamenti che ci preoccupano. All'inizio lievi. Alina non aveva mai voglia, ma poi la voglia se la faceva venire. A poco a poco più importanti. Si distraggono entrambe molto...».

Tutto qui?, pensa Lara con un accenno di sollievo. Si immaginava qualcosa di terribile, che avessero attaccato qualcuno a morsi o lanciato la sedia contro il pianoforte. E invece è solo distrazione. A sei anni ci sta, no? Mica devono essere tutti dei piccoli Mozart...

La direttrice continua: «È evidente che le sue figlie non siano serene, l'altro giorno una di loro ha risposto alla sua maestra che a lei non importava un c***o della lezione di pianoforte perché erano tutte delle s*****ate e che tanto lei da grande avrebbe fatto l'influencer».

Il respiro esce e non torna. Occhi sgranati nel nuovo baratro che le si apre davanti, Lara non può credere a quello che ha appena sentito. L'immagine delle sue bimbe vestite à la page sul tappeto morbidoso. Come è possibile? Il suo piccolo angelo biondo che usa quel linguaggio. Un'adolescente fuori controllo prima ancora di cominciare le elementari...

Cerca della saliva da deglutire, ma non la trova. Sente che la faccia inizia a cambiarle colore. Sarà rosso fuoco come il bruciore che sente in pancia, il colon si sta sciogliendo in lava.

E allora: «Ma è sicura? Sarà il trauma della separazione… Non so… Ma… Era proprio mia figlia? Alina?».

Mariapia la guarda, le scappa un sospiro, forse di pietà, ed ecco l'ultima fucilata della giornata: «No, non Alina. Alice».

Il resto è un susseguirsi lento e velocissimo di eventi fino a sera. Lara ritira le bambine in silenzio, piegata in due dal peso della nuova realtà. Non si era accorta di quanto patissero la situazione… Lasciando lo studio della signora Mariapia, le aveva promesso che avrebbe fatto di tutto, che avrebbe fatto la cosa giusta, ma mentre lo diceva non aveva la minima idea di quale fosse.

Mariapia se n'era accorta e le aveva posato una mano sulla spalla con tutta la delicatezza e l'amore di una donna che forse era madre anche lei, magari nonna, e sapeva qualcosa che Lara ancora non sapeva, e la sapeva davvero: «Lei è il pilastro per le sue figlie, guardando lei capiscono se possono stare tranquille o meno. Ritrovi la sua serenità e vedrà che il resto verrà da sé. Le bambine stanno bene se lei sta bene. Si ricordi solo questo. E stia tranquilla. Fa parte del processo».

Lara aveva sorriso e poi di fretta ringraziato. Si era dovuta liberare dalla dolcezza di quella donna perché stavano arrivando le lacrime, in gola le si era aperta la diga e doveva fermarla subito.

Aveva sbagliato di nuovo! Pensava che negando la sua sofferenza di fronte alle gemelle l'avrebbe cancellata. Pensava così di proteggere le sue bimbe (e lei stessa bambina?) dalle emozioni che sentiva nel corpo ma che non si concedeva perché «brutte e sbagliate». E invece le sue bimbe sapevano e sentivano tutto. Più e meglio di lei.

Basta

Basta. Non ne posso più. Questo senso di inadeguatezza mi divora, e inghiotte anche chi mi sta intorno.

Le bimbe stanno dormendo finalmente, posso abbassare questa maschera messa male. Sto soffocando. Le pareti mi si stringono addosso, mi opprimono, mi sputano in faccia tutto quello che non ho fatto. Tutto quello che non sono. Le scatole manco iniziate, non so neanche dove andremo a vivere. E dobbiamo andarcene, lasciare questo posto, fra poco, pochissimo.

Le bambine stanno male, dicono parolacce e si ribellano. Le mie stelle sante.

Tutta la fatica di crescerle con i metodi giusti. E niente, uno sputo in faccia anche lì.

Sono proprio una madre di merda.

Sono un caos incerto e inutile pieno di niente. Non riesco a tenere le cose sotto controllo, mi sfugge tutto, ho sbagliato ogni singolo passo.

Stamattina quella donna luminosa mi ha parlato in chiesa. Lei sì che è una donna. Così donna che è stata santificata. La donna delle donne, «benedetta tra le don-

ne». E perché mi ha parlato? Ha parlato proprio a me? Infatti non mi ha parlato... Sono io che sono pazza, una pazza buona a nulla.

Piuma

Lara è in soggiorno. Deve affrontare il caos della sua vita sparsa sul pavimento, sugli scaffali. E invece si piega in due. Si schiaccia la mano sulla testa, la rilascia, poi torna a schiacciare, ma questa volta con molta più forza. Si accascia per terra come un pallone che finisce su uno spigolo e si buca, si sgonfia. Piccola, incerta, sbagliata. Gambe piegate sotto il peso dell'impotenza. Lara sente il cuore che batte velocissimo, improvvisamente ha una paura terribile. Il corpo ha preso il sopravvento, si spalanca la diga che fino a lì in qualche modo aveva tenuto. La mente non è più in controllo, e questo le mette paura. Una paura fottuta. Una paura che, come petrolio nel mare, dilaga e sparge la sua tossicità in tutto il sistema, finché non arriva a prenderle il respiro. Lara va in affanno. Allora la paura monta velocemente fino ad arraffare tutto lo spazio e trasformarsi in terrore.

È da sola in casa con le bambine: cosa potrebbe succederle? Cosa ne sarebbe delle gemelle se le succedesse qualcosa? Questa diventa improvvisamente la più grande paura di tutta la sua vita. Paralisi dentro. Lara accasciata per terra.

È un attacco di panico.

Per terra. Braccia inserite dentro le gambe, pugni che premono contro la pancia. Ginocchia strette, i piedi che spingono in su verso il soffitto, aperti a libro. Testa invisibile, talmente schiacciata dentro. Orecchio destro premuto a terra, occhio destro pure. Una lumaca, si direbbe. Lara una lumaca-larva sul pavimento del suo soggiorno al quarto piano di via Esmeralda 20. Potrebbe sembrare un asana o una posa di danza, ma non lo è. Lara, accartocciata dentro se stessa, non è mai stata così persa in vita sua. Non sa nulla, più nulla. Solo domande, tutte le domande possibili immaginabili, la sua esistenza trasformata in un grande punto interrogativo che ora l'ha presa per la testa come una ghigliottina, un amo che ha catturato la sua psiche per poi tenerla premuta sul pavimento di casa sua ad annaspare.

Sto per morire, pensa. È il corpo che glielo dice, quel corpo messo sempre a tacere che ora la scuote come una scossa elettrica. La calma piatta che si trasforma in uragano. Forse dovrebbe chiedere aiuto, chiamare il 118, o il suo dolce vicino di casa, un anziano signore stupendo che forse si spaventerebbe ma di certo le cercherebbe un'ambulanza...

Lara rimane lì per quelle che sembrano ore. Ferma, immobile, paralizzata, come un animale in preda al terrore che si mimetizza tra la vegetazione. È l'unica cosa che può fare, che le suggerisce l'istinto: ferma, immobile, ad aspettare che finisca. Ogni attimo che passa è un attimo guadagnato, che espande il tempo, allontana la fine. Ed ecco, nel flusso di attimi, l'attimo che salva.

Prospettiva dell'occhio sinistro, l'unico aperto. I piedi delle gambe del tavolo bianco, i piedi di due sedie bianche. Una briciola. E una piuma. Una bellissima piuma, bianca anche quella, appoggiata lì, a due palmi da lei. Lara non riesce a vedere altro, a guardare altro. E lì, con quella piuma davanti, torna a respirare.

Fuori resta ferma ma dentro inizia a muoversi vita. Rimane a guardare la piuma perché non può farne a meno. Il respiro inizia a fluire, il cuore calma la corsa disperata. E poi eccolo lì, il meraviglioso cervello razionale che fa capolino sul pavimento di casa sua con una tipica obiezione: ma chi te lo dice che è stato un angelo?

Lara non risponde e rimane a fissare la piuma bianca, morbida, che sembra dolce. Sicura invece che un miracolo sia appena avvenuto nella sua vita. Non è il corpo né la testa. A questo giro la certezza arriva dal cuore, da quell'abbraccio che sente tutto intorno. Lara avverte la calma di chi ha appena trovato il tesoro più grande, quello su cui si basano tutte le storie dell'umanità, i libri, le favole, tutte le gesta degli eroi, la ricerca spirituale dell'essere umano. Sapere che c'è altro oltre al sé. Ricondurre il proprio isolamento all'unione con quell'altro che è il tutto.

In quell'istante Lara, piccola larva crollata sul legno duro, non si sente più sola.

Inizio

Ore 6.00, suona la sveglia. Lara apre gli occhi e sa che questo è il giorno del suo inizio. Si pulisce la lingua con il netta-lingua indiano, beve la sua acqua tiepida con il succo di un limone per il colon irritato, come le ha raccomandato Nikido, ed è pronta a iniziare.

Forbici scotch pennarello.

Passi piccoli sul pavimento.

«*Mimma*?» È Alina in corridoio che la sta cercando. Lara si dimentica di tutto e va da lei. Con una mitezza che non le è abituale, Alina le dice che ha fatto un brutto sogno. Lara la abbraccia. Si siedono insieme per terra nel corridoio, Alina sulle gambe di Lara. È bello stare sedute insieme per terra in pigiama. Alina le si abbandona addosso, come non faceva da tempo. Lara le ricopre il visino di piccoli soffici baci e le mormora come un mantra: «Va tutto bene amore mio, c'è qui mamma con te», ed è come se le stesse passando la piuma redentrice sul cuore, una carezza morbida di piuma. E rimangono così, abbracciate per terra nel corridoio. Rimangono così finché anche Alice non si sveglia.

E le trova lì per terra. Si illumina in quella visione. Dunque le cose sono possibili?, sembra dire il suo sguardo. Alice vuole unirsi all'abbraccio. Per qualche istante rimangono tutte in un unico bilico, inglobate in Lara. Una mamma felice per terra con le sue bimbe. Qualche istante perfetto. E poi una bimba crolla addosso all'altra e ricominciano a litigare. Ma poco, lievemente, quasi come un gioco.

È ora di alzarsi, pensa Lara. Guarda l'orologio appeso al muro della cucina. 7.20. È ora di prepararsi per la giornata. Le scatole dovranno aspettare.

Un angolo di paradiso

Nora sei pronta che sto arrivando? ☺

Oggi è il giorno in cui deve trovare casa. La forza della piuma gliel'ha suggerito: inizia almeno a cercarla.

Interno giorno. Lara è al bancone del bar di Sara. Nonostante ami profondamente la colazione con cappuccino e brioche, non può concederselo. Perché, neanche a dirlo, non mangia glutine, lieviti, latticini, animali né derivati di animali. Mangia quello che deve mangiare una donna sana e giusta che ha dedicato la sua vita alla danza e crede nell'evoluzione della specie umana. Però stamattina ha bisogno di una spinta, dopo l'attacco di panico, dopo la tenerezza di quel lungo abbraccio in corridoio.

Ed eccola dunque al bacone del bar, intenta a inzuppare il cornetto nella schiuma morbida e bianca del cappuccio. Ha accompagnato le bimbe dal papà, e ora le tocca mettere a posto la sua vita. Lo deve a se stessa, e all'angelo che l'ha salvata.

Lara inzuppa e parla con Sara, la proprietaria del bar, una donna della sua età, cinese di nascita, napoletana d'adozione, torinese per necessità, che la sta aggiornando sulla sua situazione familiare. Sara ha fatto due figli con Kim, che però non le passa gli alimenti, anche se cambia macchina, sportiva, ogni settimana. Mafia cinese? Lara si vergogna subito del pensiero, e continua ad ascoltare. Un groppo d'ansia le blocca il cornetto a mezz'aria. Ed eccolo lì, il pensiero fisso ricorrente, come una sirena rossa che lampeggia: deve assolutamente trovarsi un lavoro. Un lavoro che riesca a sostenere lei e le sue bambine. Non è tagliata per fare l'influencer, e poi non le basta per mantenersi, è inutile girarci intorno. E nel dirsi questo le viene in mente il disegno fatto per la sciamana, il sogno di lei al centro della sua vita, forte, sicura, indipendente. Sospiro. E se insegnasse danza in qualche centro fighetto della città? Tanta carne sul fuoco. Ora bisogna trovare casa, prima che sia troppo tardi.

Lara scende nel metro. Quando riemerge, si ritrova in una piazza gremita di un mercato colorato, il sole sulla testa, casino di vita. Le sembra di stare a Napoli, e le si allarga in petto un grande sorriso. Quello che i suoi amici torinesi chiamano quartieraccio, a lei, di primo acchito, piace. Le sembra quasi più facile camminare in quella piazza che per le vie del centro. Tira fuori il telefono e cerca sul navigatore la strada di Nora. Nonostante siano care amiche, non è mai stata a casa sua, è sempre stata Nora ad andare da lei, oppure si incontravano al bar, al ristorante, in libreria.

Ora è Lara ad andare da lei con una grande speranza nel cuore, quella di trovare il nido futuro per lei e le sue figlie.

Dalla piazza del mercato prende la seconda a sinistra e dopo pochi metri sulla destra ecco il civico 30. È un palazzo basso, rosso, pieno di verde, una vegetazione libera, non ammaestrata come il giardino di via Esmeralda. Vede dei bambini che giocano a pallone, urlano ridono calciano, e nessuno che glielo vieta. Nel condominio di Lara anche solo calpestare il prato è considerato un atto vandalico, da punire.

Lara apprezza quello che vede, e un po' si stupisce, perché a lei la vita borghese piace, l'ha sempre fatta sentire giusta, tanto più a Torino, dove ci sono tutte quelle regole da rispettare. La tranquillizza così tanto che tutto sia al suo posto, la tranquillizza così tanto essere dalla parte del giusto, di quelli che stanno nel bello e si comportano bene. La sua vita borghese se l'è voluta, cercata e cucita addosso. E allora perché quella vivacità di periferia – il mercato, il pallone, le urla dei bambini – le dà una sensazione di quasi gioia?

Il palazzo non ha l'ascensore, e Nora sta all'ultimo piano, il quarto. Arrivata al terzo, Lara ha già deciso: non potrebbe mai trasferirsi in una casa senza ascensore. Come farebbe? Con le bimbe? La spesa? E se mi rompo una gamba?, pensa. No no… Senza ascensore impensabile. E così, col fiatone e un no già pronto, si ritrova davanti Nora sulla porta, che lascia intravedere un soggiorno fatto tutto di luce.

Nora l'abbraccia, è emozionata che la sua amica sia finalmente lì, e spera che la sua casetta le piaccia: «Sarebbe un sogno se la prendessi tu». Lara entra. Titubante. Soggiorno piccolo, scrigno di raggi solari. Alla sua destra la cucina aperta sul soggiorno. Tutto piccolo, ma c'è qualcosa. Lara non capisce cosa sia, ma lo sente. Entra. Nora va subito alla porta finestra scorrevole ed esce su un terrazzo. Lara segue speranzosa.

E lì, un trionfo.

Un'esplosione di piante felici e colorate. Un tavolo grande, un'amaca appesa a sinistra. Una pergola di legno bianco dalla quale cadono rami fioriti.

«Il mio angolo di paradiso» dice Nora, ed è esattamente quello che pensa Lara in quell'istante. Un angolo di vero paradiso. Un terrazzo così l'ha visto a Napoli tante volte, e anche a Roma, a casa dei suoi amici, lei stessa a vent'anni ha vissuto per un mese in tournée con due amiche ballerine a Trastevere e avevano un terrazzo bellissimo in cui mangiavano, provavano, organizzavano feste. Quelli sì che erano anni di libertà e proiezioni sul futuro, dove tutto sembrava possibile. Ma un terrazzo così a Torino lei non l'ha mai visto.

Lara sospende per un attimo il tanto certo «no» e si fa guidare dall'amica, che con entusiasmo le spiega tutto della casa. Ne sembra davvero innamorata: «Lara, quanto vorrei che fossi tu a prenderla, è più piccola della tua, ma ha tutto quello che ti serve». E così dicendo entra nel mini corridoio, prima porta a sinistra bagno, bagnetto con vasca, sulla destra camera abbastanza grande e sulla sinistra altra camera abbastanza grande. E basta. La casa è finita lì, in quei pochi metri quadri.

Altro che più piccola della mia, pensa Lara, è un terzo della mia. Dove le metto 'ste bambine? La stanza per me va benissimo, pensa tra sé, sono da sola, mi basta il letto e l'armadio, non mi serve altro. Yoga lo farò in soggiorno, e così dicendo torna in sala. Un divano, un tavolino da caffè e un enorme televisore.

«I mobili restano?» chiede, e Nora le dice di no, che i mobili li porterà con sé. Meno male, pensa Lara, così posso mettere i miei, lasciandomi un po' di spazio per la mia pratica. Poi si gira verso la cucina a vista, un bancone e un tavolo da pranzo, tutto molto carino, moderno, funzionale.

Nora conferma. «Io mi trovo benissimo a cucinare qui» dice «c'è un'energia bellissima, credimi, ho gli aromi in terrazzo, apro il finestrone, sento il vento, gli uccellini, e cucino felice. Mi scordo di essere in città.»

Lara non sa come né perché ma appena ha messo piede in terrazzo il cervellone che di solito comanda ha deposto le armi. Da quel momento in poi è stato il corpo a guidarla nel visitare la casa, nell'ascoltare le sensazioni che le fa provare, le immagini che le invia. Sente caldo e sente dolce e sente sicurezza e sente tranquillità. Tutte cose che non sente da tempo, e forse è per questo che si è rifugiata nella testa. Ma il corpo a questo giro è forte, sicuro. E Lara sa. Ha trovato casa.

Scale

Ma davvero lasci il centro e ti trasferisci in un quartiere popolare? Cosa diranno le persone? Gli amici? E come ci arrivano le bimbe a scuola? Con la metro? Come si troveranno? Sarà pericoloso per loro qui?

Ma perché dovrebbe esserlo. Una casa senza scale in un quartiere di periferia. Piena di incertezza. Ma perché... Perché dovrebbe essere incerto? Di cosa ho paura? Io amo quel terrazzo. Quel terrazzo, con le sue piante felici, mi ha chiamata.

Ali

Mi sento una bambina a scuola che aspetta di essere interrogata…

Lara davanti al computer aspetta che Alma acceda alla videochiamata. Guarda i suoi disegni, che ora non le sembrano più così carini.

Forse riderà di me. Si accorgerà che non disegno mai. Lei di sicuro disegnerà tutti i giorni. Avrà una casa in campagna circondata dalla natura e la sera si metterà davanti al fuoco a disegnare e sorseggiare erbe mediche e cantare alla luna e stare serena perché…

Non fa in tempo a finire il suo castello nella testa che arriva Alma in carne e ossa a riempire lo schermo.

«Buongiorno» le dice con un sorriso aperto e sincero. Felice.

«Ciao» dice Lara, mentre titubante infila il primo piede nella foresta.

«Come sei stata?» chiede Alma.

Lara sta per rispondere Bene! ma poi un'immagine le attraversa il cervello come un fulmine: lei lumaca sul parquet di casa sua che pensa sia arrivata la fine. E poi la piuma che la salva, l'abbraccio di Alina, tutto veloce, tutto forte, a offuscare il resto. Non può che seguire quelle immagini: «Ho avuto un attacco di panico, violentissimo, così violento che pensavo stessi per morire. Poi è successa questa cosa...» un altro passo nella foresta. «Penso di essere stata salvata da un angelo. Lo so, ti sembrerà strano...»

Alma la interrompe: «Lara. Nessun giudizio qui. Spazio libero».

Ok, altro piede nella foresta, forse un paio di passi dentro. «Bene... Allora penso di essere stata salvata da un angelo. Ho sentito la sua presenza, e ho trovato per terra una piuma che non so spiegarmi perché tengo le finestre chiuse da giorni... e... ecco. Una persona mi ha detto che spesso gli angeli si capisce se sono arrivati perché lasciano delle piume a terra.»

Oddio mio, ma come mi viene in mente di dire una cosa così assurda. Come ho fatto anche solo a pensarla. Gli angeli e le piume... Storia sentita al supermercato, al bancone dei formaggi e dei salumi, e riprodotta nella mia testa come fantasia di salvezza. Eppure, io ho sentito davvero qualcosa, non ce l'avrei fatta con le mie forze, posso giurare che in quel momento non ero sola.

«È bellissima questa cosa che mi stai raccontando. Sono molto felice per te, Lara. Spesso quando siamo nel baratro, quando tocchiamo il fondo, siamo nel luogo, nel momento di più alta trasformazione, se glielo concediamo. E tu ti sei aperta alla possibilità di guarire davvero, qualcosa in te ha deciso. E hai visto la salvezza. L'hai lasciata agire su di te, ti sei lasciata risollevare. Vedi, noi siamo sempre circondati da possibilità ed energie speciali, ma non le vediamo perché non siamo pronti per vederle, perché siamo troppo chiusi in noi stessi. Impegnati a fare le vittime.»

Questa affermazione smuove una corda in Lara, le vibra dentro. La parola «vittima» la lascia senza fiato, come un pugno cattivo. Per tanto tempo si è sentita vittima. Lo riconosce mentre Alma parla. Lei nel ruolo della vittima ci si è proprio rifugiata. Era così facile e comodo dare la colpa del suo fallimento agli altri, a lui, al mondo, alla vita. Lei era rimasta schiacciata dagli eventi... Una povera vittima della sorte. Che aspetta sempre una mano da fuori che la risollevi.

«Penso di essermi bagnata tutti i giorni nella sensazione di vittima... Un po' da sempre.»

«Certo. Lo facciamo tutti. Siamo cresciuti senza conoscere la nostra reale potenzialità. Abbiamo imparato da subito a seguire il gregge senza troppe domande, e a non dire mai di no, a fare le brave bambine. E abbiamo lasciato il nostro potere in mano ai maestri, ai genitori, alla società. Così come la nostra felicità, la nostra tristezza. La nostra vita intera, insomma, dipenderà dagli altri, e questo diventerà il nostro pane quotidiano. Sempre proiettati fuori e mai dentro.»

Lara pensa all'urlo nel bosco durante il seminario di Jacques. Pensa alla potenza del suo urlo, impossibile da trattenere. Perché dietro quell'urlo risuonava una voce che era stata compressa da sempre, e dietro di lei tutte le altre voci dei suoi avi compresse anch'esse di generazione in generazione nella forzatura del silenzio. Mentre Alma le parla, il pensiero corre rapido dall'urlo a Jacques e una voglia di rivederlo le scalda la pancia.

Porca miseria, dovrei fare qualcosa per rincontrarlo, per lo meno rispondergli, in fondo è stato gentile a scrivermi.

«Ora facciamo una meditazione su questo. E poi guarderò i tuoi disegni.»

Alma accende la musica. Tamburi, suoni antichi della terra, l'origine. Lara si alza invitata da Alma e inizia a seguire il ritmo. Si muove lentamente cercando di lasciarsi andare. Non riesce. Allora chiude gli occhi. Alma aumenta il volume. I tamburi adesso sono forti. Lara li sente che scendono nelle anche, nel pube, ai piedi. E cerca di fluire con l'impulso che le invia il corpo.

«Respira e vai!» la incita Alma. Lara esegue. L'immagine delle sue figlie davanti agli occhi chiusi. Le vede abbracciate a lei per terra, e poi vede Alice che risponde male alla maestra di pianoforte. Non la sente ma la vede: la piccola fronte corrugata, le braccia serrate contro il mondo.

Alla bambina non piace quello che vede, è un'ingiustizia, allora deve ribellarsi, deve gridare il suo no. E lo fa. Ha visto una mamma bella e solare diventare l'ombra di sé, persa in una nuvola nera dalla quale non sa come salvarla.

Lara va più a fondo. La musica è diventata una musica tribale di guerra, urla antiche si fondono al tamburo forte, forse a un flauto che parla di energia e di incantamento. Alma incita Lara: «Vai, vai», e Lara va. La musica scende nelle anche, smuove il cuore, fa vibrare le spalle, e da lì si sposta dietro nelle scapole, che si spiegano come ali. Lara le sente sgranchirsi, distendersi piano dopo anni di inutilizzo. Atrofizzate dal non uso. Le sue ali. Lara ha le ali e non lo sapeva.

Ora balla più forte, le ali le dicono che è libera. Si sono sciolte le catene che le tenevano chiuse, si è aperto il cuore. Ora è di nuovo connessa, ora sente di nuovo. Il corpo le offre le immagini di cui ha bisogno per guarire, lei deve solo ballare e lasciare che sia. Lasciare che le immagini arrivino a mostrarle la via.

Lara è in un campo di battaglia, di fronte e intorno a lei solo polvere, cavalli a terra, morti e feriti, grandi rumori, di scoppi, di grida, boati di proiettili, esplosioni. Lei è un'indiana con una spada in mano. Capelli lunghi neri. Lo sguardo di un'aquila. Non ha paura perché dentro ha il suo tamburo.

E allora balla più forte e si muove con decisione dentro quella follia di spari. Lei è forte e determinata. Non teme.

La musica si scioglie nella poesia di una donna che canta tra campane al vento. Una musica dolce che la riporta a terra la induce a muoversi piano tra i fiori di un campo argentato di luna. La donna che canta è vestita di bianco. È nel terrazzo di Nora, davanti a lei uno spicchio di luna magica. Una leggera brezza smuove la tenda attaccata alla pergola, tutto è pace.

La musica piano piano si affievolisce fino a diventare un violino distante. La voce di Alma le chiede di sedersi. Lara esegue. Si siede. Occhi chiusi ancora. Sente il corpo che pulsa, la mente vuota. Sorride.

Qualche istante lungo e poi Alma la invita ad aprire gli occhi piano piano. Lara questa volta fa fatica, non ha voglia di tornare nel mondo. Ma quando mette a fuoco si ritrova davanti un'Alma sorridente che le dice: «Brava Lara». Era tanto che non se lo sentiva dire.

Alma è davanti a me. Il suo sorriso è più grande del solito. I suoi occhi sono accesi come fiamme bianche. Ci guardiamo. Anch'io sorrido in ogni mia cellula. Mi guarda con tenerezza e mi scaraventa nel mio soggiorno di casa. Sono una bambina al tavolo da pranzo. A capotavola papà che già non sta bene, mangia poco o niente, il suo sguardo lontano. Io parlo per riempire i vuoti: racconto che il maestro Giorgio mi ha fatto i complimenti. Quanto vorrei un «Brava» da parte di papà, e invece nulla. Tutti mangiano in silenzio, la testa dentro il piatto, solo io presente nel vuoto della mia famiglia, con il solito bisogno di sentirmi amata che mi accende i sensi, costretti all'attesa.

«Grazie» Lara non riesce a dire altro.

«Ti va di farmi vedere i tuoi disegni?» le chiede Alma.

Lara annuisce e le mostra il suo sogno. Si sente nuda e scoperta.

«Interessante come il tuo sogno sia radicato e vero. Non hai scelto la fiaba, hai scelto qualcosa di pragmatico e reale. Sei una donna, Lara. Una donna che non crede più alle favole. Complimenti. Ce ne sono poche, di donne, in giro.»

Lara alza lo sguardo verso di lei per vedere se stia ridendo, se quello sia solo uno scherzo. Alma non ride, sorride, come sempre. Ma non scherza.

«Un passo alla volta» le dice. «Il tempo è finito. Il disegno sulla paura lo vedremo la prossima volta.»

Ponte alto

Mi hanno detto di andare avanti fino al ponte alto (che vorrà dire ponte alto?).

Poi di attraversarlo (chiaramente lo attraverso, che faccio, sennò, vado solo fino a metà?), una volta giù di andare a destra, e continuare fin dopo il parcheggio. Lì c'è l'ingresso alla fiera.

Sono venti minuti che cammino e del ponte manco l'ombra, e un po' di ombra onestamente ci vorrebbe. Chissà cosa dirà quando mi vedrà. Spero che sarà felice. Messaggi di risposta al mio, ancora niente. Non ha letto. La gonna bianca che mi sono messa si sporcherà subito con tutta questa terra. Spero di arrivare intatta. Sono emozionata e invece devo stare calma. Non mi posso far vedere turbata. Figa e serena. Questo. Chissà se sarà circondato da donne.

Il padiglione della Pace Bianca

Lara ha comprato il biglietto per la «meditazione del terzo occhio» che ha trovato sul sito di Jacques. Era l'unico evento del maestro, a soli quaranta minuti da casa. E poi quel giorno le gemelle erano state invitate da un'amichetta per pranzo. «Perfetto grazie mille ciao arrivederci torno per le 19», aveva detto Lara sull'uscio, lanciando già una data per ricambiare in modo da sentirsi meno in debito... Poi era sfrecciata sull'autostrada con il cuore a mille. Aveva deciso di fare una sorpresa a Jacques, ma all'ultimo le era venuta paura che fosse un'idea terribile e che fosse stato meglio avvertirlo, prepararlo, difendersi da possibili incontri di fidanzate o mogli. «Ciao Jacques, sono io. Felice di poterti rivedere oggi e di poter praticare di nuovo con te. Sto arrivando al padiglione della Pace Bianca! A tra poco, L.»

Chissà se aveva fatto bene. Ma ormai il messaggio era partito.

Lara era arrivata aveva parcheggiato e solo dopo aveva scoperto che era finita dalla parte sbagliata del fiume. Aveva quindi chiesto indicazioni per essere certa e poi si era addentrata nella sua avventura. A ogni passo sentiva il peso dell'impresa. E il dubbio e la voglia di lui. La speranza si accendeva e si spegneva. A ogni passo. Costruiva e distruggeva un passo alla volta.

Ed eccola sul punto in mezzo al fiume, appesa lì, in questa danza senza sosta del cuore che affonda nella pancia.

Lara è sudata, scomposta, vorrebbe potersi sistemare, senza che si capisca. Vorrebbe sembrare disinvolta e naturale. Entra nel padiglione della Pace Bianca, una grande sala ovale disseminata di tappetini. Gente a terra che si prepara a meditare, che si apposta comoda sui cuscini. Lara trova un piccolo spazio non distante dal palco, si guarda intorno ma non troppo per non sembrare alla ricerca di qualcuno e si sistema. Intorno a lei sono tutte donne, e la cosa non la sorprende.

All'improvviso si alzano, Lara si gira verso il palco e vede che è entrato Jacques. Alto, più alto di come se lo ricordava. Più magro. Bello come un sole. Che dire. Perfetto. Vestito di bianco, pantaloni morbidi, camicia di lino. Un principe azzurro. Per un attimo Lara ripensa alla sciamana, a quello che le ha detto: «Sei una donna, Lara, che non crede più alle favole». E invece eccola lì, in adorazione del suo principe, che troneggia sul palco. E che a un certo punto si gira verso di lei, la scorge, sorride felice di vederla e a fine meditazione la invita dietro al palco. La prende per mano senza farsi notare, la porta in un luogo nascosto, la mette spalle al muro. E la bacia delicatamente e poi più forte, con intensità, lei gli prende la testa e lo attira a sé, lui le infila una mano sotto la gonna, lei la sente salire sicura. Quindi si stacca un attimo per guardarla negli occhi. «Sei bella, Lara» le sussurra «mi piaci, sei donna», e poi la spinge contro il muro e la bacia senza più staccarsi.

Il Jacques in carne e ossa, invece, le invita tutte a sedersi, a chiudere gli occhi e a portare l'attenzione al terzo occhio, il protagonista di questa meditazione. Lara oscilla tra la meditazione guidata e il sogno romantico che si stava costruendo in testa. Ma poi Jacques, puntuale come sempre, la costringe a seguire le sue parole: «Notate la sensazione nel corpo quando portate l'attenzione in questo punto. Sentite caldo, o freddo? O niente?».

Lara sente luce a intermittenza.

Jacques le conduce in un viaggio bellissimo fatto di percorsi astrali e capriole nella testa. Per poi riportarle a sedersi dietro al terzo occhio. Finiscono cantando un Om insieme e poi sostano nel riverbero della vibrazione primordiale.

La campana della fine meditazione suona. Jacques si alza, ringrazia tutte, namasté, e scende dal palco. Le ragazze del pubblico iniziano ad alzarsi. A quel punto Lara riprende il suo sogno. Lui non l'ha vista, è chiaro, altrimenti l'avrebbe chiamata dietro al palco. E allora ci va lei: è arrivata fin lì, non può non vederlo.

Con una sfrontatezza impensata Lara si fa largo tra tutte quelle donne, arriva al palco e segue la linea… Dopo anni di teatro quello di arrivare al dietro palco dovrebbe essere un gioco da ragazzi per lei. E così è.

In pochi minuti Lara si ritrova dietro le quinte davanti a un gruppetto di poche persone. In mezzo a loro c'è Jacques, intento a bere quella che sembra una tisana calda.

Lara si avvicina. Coraggiosa. Di nuovo quella musica nei piedi. Emozione, paura, sensazioni che si rincorrono, questa volta con più forza. Pochi passi ed è lì. Jacques è intento a parlare, ancora non l'ha vista, ma la donna bionda accanto a lui, il viso dolce, gli fa cenno di girarsi. Ed ecco che i loro sguardi si rincontrano. Lara sorride. Tanto. Jacques sorride ma sembra distaccato.

«Ciao Lara! Che sorpresa. Sei venuta alla meditazione?»

«Sì. Bellissima come sempre!»

«Grazie, troppo buona.»

Momento di imbarazzo. Forse sarebbe appropriato che lui la introducesse ai suoi amici, e invece niente. È Lara allora a continuare: «Ti ho scritto un messaggio per dirti che sarei venuta ma forse non hai avuto modo di vederlo».

«Ah sì, guarda, siamo stati così impegnati con questo festival. Vero, ragazzi?»

Jacques si rivolge alle persone che gli sono accanto. E allora è la bionda dolce che si introduce: «Piacere Chiara», Lara dice il suo nome e poi tende disinvolta la mano agli altri due personaggi. Un uomo dall'aria simpatica con gli occhiali, molto giovane, e l'altra ragazza, giovane anche lei ma con uno sguardo più buio e misterioso, capelli lunghi occhi belli. Una ragazza davvero bellissima ma che sembra nascondere qualcosa, un attaccamento a Jacques che richiede di essere protetto. Sarà forse una figlia avuta in giovane età? La ragazza mormora: «Elena» e non sorride. Seria, fissa Lara come se la stesse sfidando. Jacques ora concede qualche informazione in più: «Stiamo lavorando con il Festival da mesi e tra poco finiamo e ce ne andiamo in vacanza, vero, ragazzi?».

I tre accennano a un sì. Ancora silenzio.

Che cosa strana, pensa Lara, non mi sta prendendo e baciando come dovrebbe. La realtà è che Jacques a stento la guarda. Sembra molto impegnato, in qualcosa che non si capisce bene cosa sia. Forse se stesso. Inizia a farle l'elenco dei posti in cui sono stati, alimentando una conversazione inutile, educata, quasi formale. È un Jacques stanco, preso da problemi mondani come lo stress e il troppo lavoro. Che strano, pensa Lara di nuovo. Il grande guru si sta sbagliando, o forse è lei a non aver fatto qualcosa che avrebbe dovuto fare. I dubbi e la paura vincono sull'emozione di essere lì accanto a lui. Ha bisogno di una certezza, di baciarlo come aveva progettato. Decide, si lancia, nocche contro la porta e bussa: «Jacques posso parlarti solo un attimo? Ti dispiace?». Lo guarda con intenzione. Jacques chiede scusa ai ragazzi e si stacca con Lara dal gruppo. Sembra contrariato. Ma forse è la percezione sbagliata di Lara.

Nuda

«Come sono felice di vederti, Jacques! L'ho deciso all'ultimo, e così, senza pensare, sono salita in macchina ed eccomi qui. Mi dispiace non essere riuscita a salutarti alla fine del workshop. Son stati giorni bellissimi, per i quali sono molto grata.»

Ecco, ti ho detto tutto, eccomi qui nuda davanti a te.

Lui mi dice: «Grazie Lara, mi fa piacere che tu sia venuta».

Siamo arrivati al momento clou, finalmente. Dove ci possiamo baciare? Forse dobbiamo allontanarci di più dal suo gruppetto, da occhi indiscreti. Lì dietro l'angolo, magari. Mi muovo. E lui rimane fermo.

«Qual è la tua pratica la mattina, Lara?»

«In che senso?» gli dico.

«Cosa fai quando ti svegli per purificare l'anima e ricentrare il corpo?»

«Ah…» Non so come risponderti, Jacques, non posso dirti la verità, che da quando sto in questo turbinio di vita non riesco manco a legarmi le scarpe, figuriamoci a praticare yoga appena sveglia, con tutto il corpo doloran-

te dalla notte. E poi non ci sto proprio con la testa, troppo caos la mia vita.

«Mah, un po' di asana e saluti al sole, e poi krya e meditazione.»

Ecco, ti ho dato la risposta che ti aspetti, non quella vera. E poi l'ho fatto per tanti anni, di praticare alle 5 del mattino, ho messo via abbastanza bonus da poterti dire, adesso, una bugia.

«La salute del corpo e dell'anima sono essenziali, Lara. Prendersi cura di sé è la priorità, senza quello non può esserci altro.» E poi: «Devo tornare dentro, mi aspettano, abbiamo molto da fare ancora. Sono felice di averti rivisto, Luce e Bene a te».

E te ne vai, davvero? Te ne stai andando così? Non ho parole. Che faccio? Ma poi come ti permetti, una paternale su quello che bisognerebbe fare dopo che mi hai scopata senza troppi problemi una notte di luna, così!… E ora invece? Cosa è cambiato? Non pratico abbastanza per te? Non sono abbastanza flessibile? Ho la nausea e mi sento una cretina. Scappo prima che mi si legga in faccia.

Fantasia

Lara sale in macchina, un buco nello stomaco, o forse è il cuore. È tardi, deve sbrigarsi, sono le 18.15 e deve correre a prendere le bambine. Mette in moto. Accende la musica. A palla. Si sente uno schifo. Il rigetto di Jacques è più forte di quello che dovrebbe essere. Non era quello di cui Lara aveva bisogno. Come era stato possibile poi? Cosa aveva fatto e detto di sbagliato? E poi... Era davvero stato un rigetto di Jacques? In fondo le aveva detto solo che era molto occupato. Forse Lara aveva interpretato male e il suo non era un no. Sembrava stanco, in effetti, stanco e stressato, molto diverso dall'uomo che aveva conosciuto all'agriturismo.

Forse deve essere più comprensiva, starsene un po' tranquilla. Sempre a trarre conclusioni affrettate. Questo glielo diceva sua madre, fin da bimba. Le diceva che era troppo sensibile, glielo diceva sbuffando, occhi al cielo. Corri troppo, le diceva, scappi sempre per rifugiarti nel castello che ti costruisci in testa.

Lara si rasserena, vede di nuovo spiragli di luce tra

le nuvole nere. Forse stasera gli scriverà. «Ma che fai!» le dice Nora al telefono, sulla via del ritorno. «Ma mollalo, a me uno così più che un "sogno" mi sembra un "incubo"... È solo pieno di sé, non vedi?!»

Lara dice di sì ma si richiude subito nella torre del suo castello, pronta a lasciar cadere la treccia perché il suo principe la raggiunga.

Arrivata a casa con le gemelle, dispensa cibo e affetto e le mette a nanna. Poi si concede un bel bicchiere di vino rosso, mette la sua musica del momento, quella che la fa sentire sexy e le fa venire una grande voglia... e accende il computer. Si connette al suo desiderio. Deve essere chiara, questa volta, senza avere paura di dire quello che sente e vuole.

E scrive.

Caro Jacques,
vederti è sempre un tuffo al cuore, una grande emozione.
Mi spiace tu sia stanco, e che sia un periodo così intenso per te. Immagino sia molto stressante avere tutte quelle persone che ti seguono e che ti cercano e contenerle tutte nel tuo cammino. Ma sei un uomo speciale, un uomo forte.
Penso spesso con gioia e desiderio alla nostra serata insieme, e la sento ancora viva sotto la pelle. Sarei felice di riviverti. Un altro incontro. Riconnettere i nostri corpi. Quando e come potrai tu.
Grazie,
Tua
Lara

Lara è soddisfatta. Il vino le è salito alla testa. Bello. Si lascia andare sul tappeto. Molla il computer e chiude gli occhi. Sente il desiderio che le chiede di essere ascoltato. Le mani seguono l'apertura della gonna e si infilano dentro. Il pensiero di Jacques è ancora vivido, così presente che non può scacciarlo. Pensa al suo sogno. Lui che la vede dal palco, che le fa un saluto speciale, solo suo. Finisce la meditazione e apre gli occhi e lui la sta guardando. Occhi negli occhi, lui le fa cenno di andare dietro il palco. Lei segue. Si fa spazio tra tutte le donne. Lui vuole lei. Ha scelto lei tra tutte. Lei arriva si guardano e poi… Baci e corpi che non riescono a non toccarsi. E così fa Lara, sola nel suo desiderio di donna. Jacques nella sua fantasia è stupendo. È dolce e delicato, lento, attento, sa darle piacere come e dove ne ha bisogno lei. E poi sa essere anche più forte e impetuoso, mostrando la sua voglia forte e sincera. Lara adesso è all'apice. Qualche istante e arriva al nettare delizioso dell'orgasmo. Fuoco e fiamme e vento e tutto. E poi. Quella sospensione tra il piacere estremo e la fine. E Lara esplode in singhiozzi. Lì, sola, sul tappeto di casa sua.

Ippolito

Le bimbe si svegliano con la brillantina in corpo, l'energia sfrenata di esseri in crescita che hanno bisogno di correre. Devo portarle al parco, si dice Lara. E così cappellino e crema solare, che fuori Torino brucia. L'estate è torrida come non mai, un caldo che non ricorda. Le strade vuote, sembra di essere in un quadro di De Chirico. La città trasmette quella sensazione di calma utopica e surreale, come se avesse approfittato della partenza di tutti per farsi finalmente una bella pennica e ora se la dorme alla grande.

Le gemelle, le mani in quelle della mamma, camminano raso muro, appiccicate sotto l'ombra, lucertoline. Bimbe, nonostante il caldo, belle accese. A Lara viene in mente che oggi dovrebbe essere luna piena, forse le sue cucciole la sentono arrivare. E poi ride, che pensiero da sciamana, si dice.

Per un istante quel caldo, quell'ombra che trasforma le mie bambine in lucertole sul muro, mi fa tornare piccola, quella Piccola Lara che giocava sempre a inventarsi mon-

di in mezzo agli amici suoi, che erano ragni, coccinelle e vermi. Una volta, nella mia solitudine di bimba che non trovava altri bimbi con cui stare senza sentirmi strana e diversa, ho trovato un piccolo verme nella terra fresca. L'ho preso tra le mani, lui era così bello, così lucente e dolce, rosa e marrone. Avevo deciso che anche lui era solo, «orfano» come me. Allora ho costruito una piccola casa in un bicchiere di vetro, lattuga e pomodorino per pappa, e poi un piccolo tappo per tappare il bicchiere. E l'ho chiamato Ippolito.

Quel nome lo aveva sentito di sfuggita, chissà dove, ma le era rimasto. Il suo amico Ippolito, detto Ippo, era un nome buffo per un esserino così piccolo. Ippo dormiva con Lara, lei lo appoggiava accanto al suo cuscino e si svegliava varie volte durante la notte per vedere se c'era ancora e se era tutto ok. A Ippo diceva tutto, ma proprio tutto, in un flusso di dialogo costante. Non solo le parole dette, ma anche quelle pensate, sicura che lui sentisse. Che lui capisse. Era chiaro che avessero le stesse visioni e sensazioni sul mondo, che fossero in sintonia, come due anime uguali in corpi diversi.

Inutile dire cosa dicesse sua madre di quella nuova amicizia. «Ma non potevi trovarti un amico immaginario come tutti i bambini normali? Sempre strana, te.»

Eh sì, Lara la strana, la troppo sensibile. Che fosse matta glielo dicevano da sempre, e forse era per paura di essere davvero matta che si era staccata dal suo corpo e aveva cercato spasmodicamente questo benedetto giusto, una garanzia che lei matta non era. Un timbro sulla fronte per dire a lei e agli altri che era ok. Non strana, non pazza, non diversa.

Passeggio con le mie figlie tra le strade infuocate pensando al mio Vermino. A quella sera che, quando mi sono svegliata per una folata di vento che spalancava la finestra, Ippo non c'era più. Dormendo avevo dato senza volere una botta al bicchiere, che si era rovesciato sul materasso. Cerco affannosamente sopra il letto, sotto il letto, ma di Vermino non c'è più traccia. Rimango seduta sul letto. Non riesco a piangere. Non so cosa pensare, cosa sentire. Se essere preoccupata o solo triste dell'abbandono. O forse… Forse Ippo era un essere speciale che sapeva volare ed era volato via in una folata di vento e magia. Sì, lui era magico, ed era tornato nella magia. Va bene, Vermino, penso. Grazie. So che mi proteggi e mi segui. Tu ci sei ancora.

E così era stato. Vermino era rimasto nel suo cuore e nei suoi pensieri per tanti giorni. Per mesi. Con lui condivideva ogni cosa, ogni pensiero, ogni avvenimento. Ippolito era sempre presente, finché non lo è stato più. Gli anni come una coperta hanno posato la loro pesantezza sopra i suoi ricordi e le sue pulsioni. Crescendo, ha creduto sempre meno alla magia, e ha parlato sempre meno con la natura, fino a smettere del tutto.

E ora invece… Quel pensiero alla luna le era piaciuto. Qualcosa si stava smuovendo, un po' di cuore di mondo ricominciava a batterle dentro. Forse i tamburi tribali di Alma avevano risvegliato quella connessione antica e profonda.

Appena arrivano al parco Lara cerca una panchina all'ombra. Le bimbe entrano nel parco giochi, l'unica zona di Torino che sembra viva. Al suo interno ci sono almeno quindici bimbi, accanto a loro ragazzi con magliette e logo di un qualche campus estivo. Risate forti, spinte, rincorse. Lara si rilassa, tira fuori il telefono. Cerca nelle email, di Jacques nessuna traccia. Sarà in viaggio per Lubiana, come ha postato sui social, si dice Lara, di nuovo aggrappata a un pensiero pensabile.

Quanto è lontana Lubiana?

Lubiana... Ma quanto ci vuole ad arrivarci? E poi, dov'è? Beata ignoranza. Cerco su Google, rimango sorpresa. «Lubiana è la capitale e la più grande città della Slovenia...» Pensavo fosse molto più lontana. Come ci andrà? In aereo? In treno? In macchina? E poi quella chi è, sua figlia? Vediamo se c'è su Google. Scrivo: Jacques Reve, figlia Elena. Escono fuori un sacco di foto di Jacques, quasi sempre su palcoscenici a distillare nel microfono gemme di saggezza, o seduto in meditazione, occhi chiusi e meravigliosa schiena eretta. Ma della figlia nulla... Continuo a scorrere. E poi la trovo. È abbracciata a lui, ma l'abbraccio è strano, non è un abbraccio di figlia con padre ma di donna con uomo.

Un piccolo dubbio, piccolo come un bruco in pancia alla mela, inizia a mordere via la polpa e a creare una piccola voragine. Forse quella non è la figlia, ma la fidanzata. Cosa che spiegherebbe il suo sguardo così rabbuiato, verso di me, e forse verso tutte quelle che si avvicinano a lui. Lei giovane insieme a un uomo più grande, terribilmente affascinante e perfetto, che piace a tutte.

Un'unione da proteggere. Eccoli di nuovo insieme, in questa foto ancora più vicini. Lei ha la testa appoggiata alla spalla di lui, sono seduti uno di fianco all'altra, lui tiene la mano sul ginocchio di lei. Non ci posso credere. Lei è bellissima. Giovane e bellissima.

Gola strozzata

Lara alza lo sguardo dallo schermo. Si è persa nella ricerca di Jacques, ormai da un po'. Alza lo sguardo e punta gli occhi là dove stavano giocando le bimbe. Ma le bimbe non ci sono. Allora lascia vagare lo sguardo nel parco giochi, sicura che siano da qualche parte, però in mezzo a tutti quei bambini non è facile individuarle. Allora, per fare prima, si alza e si avvicina. Apre il cancelletto di legno che separa il parco dal campetto di basket in cui era seduta. Dentro, un bambino in bici quasi la investe. E poi una pallonata la sfiora. Un campo da guerra, pensa Lara. Va allo scivolo, sotto il quale le gemelle giocavano inventandosi una casa in cui abitare, ma trova una bimba che cucina una torta di terra e foglie. Guarda di nuovo verso la casetta all'ingresso, dove erano andate appena entrate, ma ci sono tre bimbi, e non sono le gemelle. Va verso l'altalena. Nulla...

Lara inizia ad avvertire un certo mal di pancia. I passi si fanno più svelti, il fiato corto. È troppo presto per cedere alla paura, ma Lara quella paura lì non la sta controllando, sente che sta montando da sola. Allunga lo sguardo fuori dal recinto, intorno al parco giochi è abbastanza vuoto, solo qualche genitore all'ombra e un cane al guinzaglio che alza la zampa su un cespuglio. Dove sono, dove sono. A Lara parte spontaneo il richiamo. «Alina!» chiama, e poi «Aliceee!», si guarda in giro sperando di veder sbucare le loro testoline, ma nulla. Ancora nulla.

Il cuore ora batte forte, Lara accelera, ritorna a controllare i giochi, la ruota, lo scivolo, l'altalena, guarda dietro, davanti, ai lati. Pensa di fermare una ragazza in T-shirt con il logo del campus e chiederle se ha visto le gemelle. Due bimbe, bionde. Di sei anni. La ragazza la guarda, legge la preoccupazione sul suo volto e con gli occhi dispiaciuti le risponde di no. Uno dei suoi bimbi urla, forse è caduto, lei scappa verso di lui.

Lara continua la ricerca da sola. La gola ora è strozzata dalla paura. Il cuore non lo sente più, e neanche le ginocchia. Fa fatica a camminare, vorrebbe correre, fare qualcosa, ma il terrore si sta impadronendo delle sue gambe. Un flash veloce alla serata dell'attacco di panico, quando si è ritrovata larva, immobile sul pavimento di casa, incapace di muoversi. Lara reagisce, deve trovare le bambine, non può lasciarsi prendere dal panico che blocca. No. Ora no. Ora deve reagire.

Un ruggito, un urlo forte, «Alinaaa, Aliceee!», attira l'attenzione di due mamme. Le si avvicinano. Le chiedono se ha bisogno di aiuto. «Non trovo le mie bambine, Alina e Alice, sei anni, bionde, piccole, sono piccole» risponde lei con voce rotta. Mentre lo dice inizia a correre, non ha tempo di spiegare. Le mamme capiscono e si attivano seduta stante, iniziano a fare rete e ad avvertire gli altri genitori presenti nel parchetto. Un passaparola immediato, l'unico papà presente si avvicina a Lara e chiede se ha chiamato la polizia. Lara riesce a dire solo: «No, ancora no, dove sono...». Il papà, prendendo il telefono, inizia a farle domande. Tante domande. Lara risponde a spizzichi e bocconi, non può fermarsi, deve trovarle, ora è tra i cespugli dove faceva la pipì il cane, cerca dietro, sotto, e chiama, chiama forte con tutta la voce che ha in corpo. Le sue bambine. Le sue bambine. Le sue piccole creature. Le immagina prese, rapite, loro belle come il sole. Non può pensare, il pensiero le ferma il cuore, deve continuare a cercare. Si immagina dire al padre di aver perso le loro figlie. Non può essere, non può essere.

Lara guarda in giro ancora, si sforza di pensare, di formulare un pensiero sensato, si allontana con tutta la sua forza di spirito dalle nuvole che ha in testa, dal caos, dal terrore che si è impossessato del suo corpo. E pensa, pensa. Dove potrebbero essere andate...

E poi vede una piuma, che attira la sua attenzione.

Lara, non pensare ora agli angeli, porca miseria. Ora la situazione è di pericolo vero.

Ma le piume si susseguono una dopo l'altra, come a segnare la strada, in fila. Come briciole di Pollicino. Lara non vorrebbe ma non ha altro, segue le piume. Le piume diventano sempre meno. Più distanziate. Ma continuano, Lara le segue e gira l'angolo, verso la strada dove il parco fa un piccolo corridoio di alberelli e qualche cespuglio, prima di diventare marciapiede e poi strada.

Eccole.

Eccole

Eccole, Alina e Alice, accovacciate davanti a due grossi piccioni, che ridono.

Stanno provando a convincerli a salire sulle loro mani facendo passare per briciole dei sassolini.

Le guardo. Non ci posso credere. Sono loro. Eccole. La visione più bella della mia vita. Grazie signore.

Corro, le prendo. Faccio scappare via i piccioni. Loro urlano: «Mamma che fai».

«Scusate!» dico, sono debole, fragile sulle gambe. Vacillo. E poi: «Amori miei, amori miei pensavo di avervi perse. Amori miei. Grazie a Dio grazie a Dio eccovi e state bene. Mai più lontane da me mai più», sono in ginocchio, sto piangendo, le abbraccio forte.

Ora stanno in silenzio. Cado per terra con il loro peso addosso. Rido.

È forse il più bel giorno della mia vita. Forse no, ma mi sembra di averle partorite di nuovo, le mie due bimbe. Pensavo di averle perse. E il pensiero è stato più grande di me.

Adesso qui con loro tra le braccia ho tutto quello che

potrei desiderare. E non lo sapevo. Fanculo Jacques e la sua figlia-fidanzata, fanculo il principe azzurro, fanculo questa necessità dell'uomo perfetto, della donna perfetta. Loro tra le mie braccia: tutto il meglio è già qui.

La forza della verità

Quel giorno dopo il parco e la paura più grande del mondo, sono andate a mangiare un gelato gigante.

Poi, sulla panchina fuori dalla gelateria, guardandole negli occhi Lara ha cominciato: «Angeli miei, la mamma vi vuole tutto il bene del mondo, lo sapete vero?».

Alice ha fatto subito sì con la testa, mentre divorava il suo cono cioccolato e limone. Bene, Lara ha aspettato dando anche lei un'altra slinguazzata al gelato. Di solito non lo prendeva mai, ma oggi era festa, oggi era rinata madre e voleva giocare con questa gioia nel cuore.

Poi, sorriso nelle cellule di certezza di amore, ha continuato: «E sapete che dobbiamo lasciare la nostra casa vero?». Qualche battito di lingua sul gelato.

«Sì, perché tu e papà avete deciso di lasciarvi» ha detto Alina, con quella serena maturità che solo l'infanzia conosce.

La prima volta

È la prima volta che si parla della separazione così apertamente. Dentro di me sono in piedi, mi sento forte, ho appena cambiato pelle per la paura più grande della mia vita, ho affrontato e resistito al collasso del panico che stava per obliterarmi di nuovo, e invece ho lottato e sono rimasta in piedi, e lì c'era solo il mio cuore di mamma che batteva, quello che può tutto.

«Sì. Io e papà abbiamo capito che quello che ci unisce adesso è una bellissima amicizia. Ma che non siamo più marito e moglie, sposati. Restiamo i vostri genitori, e questo sarà per sempre. E per sempre vi ameremo con tutto il nostro cuore. Quindi papà è andato a vivere nella sua casetta e noi andremo in un'altra casetta, la nostra nuova casetta...»

Silenzio. Le bambine, assorte dal gelato, ascoltano. Sembrano tranquille. Molto tranquille.

Sento caldo dentro, un fuoco di mamma acceso nel cuore, e continuo.

«La mamma ha trovato una nuova casetta bellissima, con un terrazzo enorme dove possiamo mettere un'altale-

na, e un'amaca, e possiamo far crescere tanti fiori belli di tutti i colori.»

Alina mi guarda negli occhi: «È bella, mamma?».

Rispondo a quegli occhi forti e accesi: «Amore, la nostra nuova casa è piena di sole. Il terrazzo sembra un paradiso. Nel cortile si può giocare a quello che volete, ci sono anche altri bimbi, li ho visti l'altra mattina. Sì, la nostra nuova casa è davvero bellissima».

Alice: «E quando andiamo?».

Io: «Presto amore mio, non manca tanto. Oggi iniziamo a riempire le scatole di tutte le nostre cose preziose che vogliamo portare con noi... ma prima le coloriamo! Vi va?».

Alina: «Ma possiamo anche disegnarle?».

Io: «Sì, certo! Come le vuoi disegnare tu?».

Alina sorride: «Boh», alza le spalle e riprende tranquilla a mangiare il gelato. Serena pace, non perfetta, ma vera.

Le guardo. Sono i due esseri più meravigliosi che io abbia mai visto. Non hanno fatto una piega a tutta la verità che gli ho appena spiattellato, sono forti, sono luminose. E in quel momento mi sento la mamma più fiera del mondo.

I bimbi si nutrono di verità – non so dove l'ho sentito ma è così. La forza della verità ha calmato la loro anima, sentono che della mamma ci si può fidare ancora. Le guardo, lì su quella panchina con i nasini dentro al gelato al cioccolato, gocce di marrone sulle magliette pulite... Le mie due bimbe sono assolutamente perfette, piene di tutte le loro imperfezioni. E forse lo sono anch'io.

Anime scalze

E poi sono andate a casa. Piene di colori in tasca. E di libertà.

Anche Lara si diverte, si sente libera nel gioco del coloriamo tutto. La sua anima bambina si mette scalza, accende la musica bella alta come piace alle bimbe e ridendo si lancia tra i rosa, i blu, i verdi. Si concentra tutta nel suo disegno dell'arcobaleno, e poi in quello della foresta folta di abeti che spuntano come cattedrali da quella montagna marrone. Una luce in mezzo a quegli alberi. Forse è l'agriturismo di Giacomo Leopardi. Quell'angolo di paradiso dove sarebbe voluta tanto tornare. In quell'orto magico a mordere zucchine felici.

E infatti nella scatola dopo Lara disegna un'enorme zucchina gialla che ride, e dietro un sole che emana raggi caldi. E il pomeriggio finisce così. Quasi tutte le scatole sono state colorate o disegnate.

Mentre le bimbe continuavano il gioco serene, Lara si è messa a prendere i libri e a infilarli con cura nelle scatole. Poi è passata ai piatti buoni, quelli che usava per gli ospiti le poche volte che aveva la voglia o l'energia di organizzare una cena. E poi è passata a riempire le valigie grandi di tutti i vestiti invernali che erano già pronti e ordinati per essere messi via. E poi è venuta l'ora di cucinare e si è inventata una zuppa di pisellini e formaggio sciolto con crostini di pane e olio.

«Mamma, mamma, facciamo serata-cinema?» hanno chiesto, raggianti.

«E come no?»

Potevano rivedere quel film bellissimo sulle principesse che prima si congelano e poi si scongelano, e Alina ha detto: «Noooo, lo odio io». «Va bene, allora cosa?» e insieme hanno deciso per un vecchio cartone che era piaciuto tanto alla mamma da piccola e che ora volevano vedere anche loro: *La carica dei 101.*

Lara apparecchia una scatola grossa davanti a loro e ci appoggia le zuppette con formaggio e crostini. E poi prende la sua scodella. Che bello vedere un film della sua vita di bambina con le sue bambine, sembra quasi che, seduta con Alice e Alina, ci sia anche la piccola Lara. E Lara, seduta tra le meravigliose gemelle, si dice che lei da piccola ci sarebbe andata d'accordo, con quelle due bimbe lì, e che se ce le avesse avute come amiche non sarebbe stata così sola.

A fine zuppa, complice il mega gelato del pomeriggio, Alina e Alice non hanno molta fame e così Lara prepara le pesche tagliate a tocchetti con un filo di limone e zucchero. Riordina la cucina ed è già ora di andare a nanna, il film è finito, le bimbe sono assonnate. Il tempo di lavarsi i denti e mettersi sotto le lenzuola,

Lara legge una storia di un bimbo cresciuto che va a trovare un albero con cui aveva giocato da bambino. L'albero ormai è vecchio e si è sentito solo senza il bimbo. Una bellissima storia che commuove un po' tutte. Baci sulla fronte. Buona notte, già dormono. Le guarda. Sospira. Grazie Dio, pensa ancora, e sorride.

Lara ora si ritrova nel suo soggiorno colorato.

Che giornata pazzesca.

Ha voglia di parlare con qualcuno che possa capire ed entrare con lei nella profondità degli avvenimenti, possa aiutarla a portare alla luce tutte quelle nuove meravigliose sensazioni ed emozioni. Qualcuno a cui poter raccontare la paura, e il suo non mollare. Qualcuno che le dica: «Brava Lara!». Apre il computer per scrivere alla sciamana. Si accorge che c'è un messaggio nella posta elettronica.

Due righe, veloci, concise ma efficaci.

Lara legge e poi chiude, e nel farlo il pensiero si cancella subito. Non è interessata a Jacques. Si sente una sopravvissuta, ora esiste solo quel magico trio. Lei e le sue bimbe-vita.

Rilegge, per sicurezza, la risposta del guru-schienadritta, fa spallucce e si concentra su chi le fa davvero bene: «Cara Alma, quando possiamo sentirci? Molte cose di cui parlare. Inizio a sentire il corpo ed è bellissimo».

Chiude il computer e fissa il tappeto dove la sera prima aveva dato sfogo al suo desiderio. Sorride e poi le viene voglia di guardarsi allo specchio. Si guarda negli occhi. Si guarda bene. E vede occhi che chiedono, e allora: «Di cosa hai bisogno? Cosa posso fare per te?».

Se lo chiede così, senza senso né logica, ma con un'urgenza che le parte da dentro, dal corpo e dal cuore insieme. La risposta le arriva sotto forma di immagine: vede gli scatoloni colorati, leggeri e sereni, vede la panchina, il gelato, e percepisce di nuovo la serenità del suo amore mentre parlava con loro. È di questo che ha bisogno. È questo che le dà gioia. Ed è stupendo.

Decidere

Forse stare bene è una decisione. Io decido di stare bene o decido di stare male. Quando mi succede qualcosa posso decidere io come affrontarla. Come percepirla dentro. Se incastrarmici dentro tutta fino a sentire solo quella cosa lì e cancellarmi. Oppure se restare dentro nella percezione di me e non diventarla, quella cosa lì, non identificarmi del tutto con lei.

Decidere che nulla potrà infilarsi dentro a portarmi via dalle mie bimbe e dalla nostra gioia insieme.

Perché nulla è scontato.

Oggi ho davvero pensato di perderle. E quando le ho riviste, è come se avessi ricevuto una seconda possibilità, e questo è un dono, un regalo. Me lo voglio vivere tutto. non c'è separazione, trasloco o Jacques che tenga. Io voglio stare bene. E voglio far star bene le mie bambine. Voglio il nostro terrazzo pieno di colori e voglio nutrirmi e nutrirle della gioia della vita, e della magia. Non solo testa ma cuore e corpo. Come oggi.

Sento che questa scelta è quella giusta.

Ma giusta vera, non più quella ricerca del giusto che

mi incastrava a temere il parere degli altri. Per sentirmi amabile, accettabile.

Ma il giusto vero. Del corpo e del cuore. Ascolto. Gioco. E presenza.

Musica e frullato

Le scatole vengono finite in tre giorni, Lara, Alina e Alice si caricano ogni mattina con musica sparata forte, tanto l'anziano e dolce signore della porta accanto ha detto che gli piace sentire la vita, e poi lui tiene la tv fortissima. Musica e frullato preparato dalle bimbe: ognuna si sceglie il frutto e con il coltello che non taglia troppo lo affetta e lo mette nel frullatore. Poi mamma Lara aggiunge latte vegetale, un pochino di sciroppo d'acero, tappa e frulla. Ognuna con il suo frullato balla e canta e poi infila nelle scatole le proprie cose.

A questo punto di solito arriva Sally e le aiuta a impacchettare. Il gioco dura un paio d'ore, tra un mettere un peluche nello scatolone e un tocco di colore ai pupazzi disegnati sulle scatole. Poi giù al parco con il monopattino.

Lara raccomanda a Sally di guardarle bene, glielo ripete almeno dieci volte. Non le aveva mai dovuto dire nulla, perché Sally era più responsabile di lei e si vedeva. Invece adesso mamma Lara è nel suo trono di madre, a occuparsi di loro e averne cura centrata.

Quando le bimbe sono uscite, lei continua a testa bassa a inscatolare. Poco dopo suona Nora. È un altro momento che ama profondamente, l'amica che viene a darle soccorso e, con la sua presenza, la fa sentire amata e sostenuta.

Nora aspetta che le bimbe tornino per pranzo per giocare un po'. Lei che non ha figli si diverte sempre tanto ad ascoltare la magica visione dei bimbi. E poi come tutte le ballerine ama camuffarsi e trasformarsi, e farlo con le gemelle è stupendo. Più ci gioca e più loro crescono nella capacità di immaginarsi cose sempre più assurde. Lara ascolta dalla cabina armadio, dove sta finendo di piegare i suoi vestiti e metterli via, e sorride. Sente le grida e le risate, Nora si nasconde e poi da dietro le spaventa. Ora è l'orco cattivo e loro devono scappare altrimenti finiscono nel calderone.

Questo gioco del «tutto è possibile» quando usi la fantasia è un gioco meraviglioso, e Lara è molto grata all'amica. Le sue bimbe ne hanno davvero bisogno, e forse ne ha bisogno anche lei. Allora prende un ombrello che stava in valigia, si mette uno dei suoi cappelli per il mare ed esce dalla cabina armadio.

«Arghhhhhhhhh» grida, «ho sentito la voce dell'orco cattivo. Io sono il cavaliere della foresta magica e sono venuto a ucciderlo.»

Le bimbe corrono a vederla e non credono ai loro occhi. «Mamma!» insieme gridano e ridono.

«Ma che mamma, io sono il cavaliere e qui ho la mia spada vincente! Dov'è l'orco?»

Alina, illuminata di fuoco e di gioia, la trascina per un braccio.

«Di là, di là, vieni, ma attenta perché fa delle *scuregge* pazzesche e potrebbe ucciderti con una sola puzzetta!».

Alice scoppia a ridere. Anche a Lara viene da ridere.

«Ma come puzzette? Oh no! Allora metterò lo scudo puzzette e avanzerò con coraggio... mi raccomando, quando ci avviciniamo a lui trattenete il fiato, non respirate, non si sa mai!»

Le tre entrano in salone dove si nasconde l'orco, che ha sentito tutto ed è pronto con una mega pernacchia a dare il benservito al cavaliere. Ma loro sono scudati e armati. Il cavaliere con il naso tappato si fa avanti baldanzoso. Infilza la spada nel cuore dell'orco, che si lascia cadere sul divano e chiude gli occhi per sempre. Vittoria vittoria! Il bosco è di nuovo sicuro, le piccole fatine Alina e Alice possono tornare a giocare felici.

«Ma io sono un elfo» dice Alina.

«Bene, elfo e fatina, andate a disegnare questa storia stupenda nella vostra cameretta, ho lasciato fuori i fogli e i colori sono qui.» Mette in mano colori e gioia e le bimbe vanno. Ora Nora e Lara possono impacchettare, ma non prima di un abbraccio.

«Io per voi ci sarò sempre, lo sai, vero?» le dice Nora con un tono strappalacrime, apposta per farla ridere.

E la risata di Lara sgorga spontanea, la possibilità di gioco le si allarga nel cuore. «Grazie» le sussurra nella stretta. E rimangono così per qualche respiro profondo.

QUARTA PARTE

La scintilla

Tutto è possibile

Questo è il weekend del papà. Lara bacia le gemelle e saluta l'ex-marito, scambio onesto di sorrisi, l'affetto profondo che li unirà sempre a tenere la struttura della nuova famiglia. Lara a quell'uomo vuole bene, e gliene vorrà sempre.

Chiusa la porta, si ritrova sola nel suo salone e sente di aver fatto un buon lavoro. È tutto praticamente pronto per il trasloco di giovedì e ora ha due giorni davanti. Forse potrebbe fare qualcosa per se stessa. Scegliersi. Nora è a Roma a occuparsi della sua nuova casetta. Cosa può fare lei? Decidere, intanto, di stare bene. Ma cosa la fa stare bene? Lara torna allo specchio.

Oggi i miei occhi sono verdi e non grigi come il solito. Ciao Lara, cosa vorresti fare, oggi, per te stessa? Di cosa hai bisogno? Uhhh, eccola, la vedo. Vedo il prato e gli alberi, e il sole tra gli alberi. La casa di Giacomo Leopardi! Natura e ruscello freddo. Orto e Pace suprema!

Lara afferra dal portafoglio il biglietto da visita di Giacomo Leopardi. Lì c'è solo il numero fisso dell'agriturismo. Compone. Telefono che squilla. E poi una voce femminile, probabilmente la sua giovane assistente.

«Fontenuova buongiorno» dice con un bel tono allegro.

«Buongiorno, sono Lara Pace, sono stata da voi qualche settimana fa per un seminario di meditazione con Jacques Reve.»

«Ah sì» dice la voce, Lara non sa se l'ha riconosciuta o se semplicemente ricorda l'evento. «Volevo sapere se fosse possibile dormire lì stanotte...»

La voce si allontana un attimo per informarsi. Poi torna: «Sì, abbiamo solo una tripla, va bene?».

«Eh... Sì, certo... Ma io sono sola.»

«Non ti preoccupare, di sicuro Giacomo te la farà pagare come una singola.»

«Allora va bene, grazie. A dopo.»

Lara riattacca, la sua bambina interna è molto felice. Allo specchio due occhi gioiosi la guardano, sono accesi da una scintilla. Si ricorda degli occhi di Alina e Alice, quando illuminano tutto di possibilità.

Afferra un paio di leggings e due magliette dall'armadio ormai quasi vuoto. Pigiama e spazzolino. Libro che vuole leggere da tempo. Null'altro. Non si porta trucchi ma solo creme idratanti. Niente tacchi, gioielli, niente inutili orpelli. Quella è una vera e propria vacanza di due giorni. Staccare la spina da tutto e ricaricarsi.

Lara si infila in macchina e accende la musica. Non il samba o la salsa o il reggaeton che piaceva alle sue bimbe, né le colonne sonore dei film. Ora Lara è in cammino verso il sé e ha bisogno di una musica intensa.

Forte, che scardini. E che la faccia sentire come si sente. Libera forte e indipendente. Quell'immagine del suo sogno che inizia a tratteggiarsi nella realtà.

Canta a squarciagola *Tango* di Tananai, poi *She Was Waiting For Her Mother At The Station In Torino*, che le porta sempre tante lacrime. E poi *Scars To Your Beautiful*. E infine, mentre si avvicina all'agriturismo di Giacomo, *Todo Cambia*, bellissimo inno dell'anima, e infine *Long Blue Night*. E parcheggia. Rimane in macchina a finire la canzone e a guardare la casa illuminata dal sole che si fa meno intenso. Eccola lì, come se la ricordava, il cappello di foglie dell'albero a proteggere l'ingresso, folto e verde, un soffio di brezza gentile, le campane di vento che oscillano a comporre una musica, un invito a entrare.

Prima-vera

Lara scende dalla macchina e si avvia verso la casa. Si ricorda dell'altra volta, di un uomo-sole che è uscito a darle il benvenuto. Oggi, a darle il benvenuto, un'aria friccicarella di pini e di terra bagnata. Quanto è felice che questa volta non troverà Jacques e tutto il suo entourage di innamorate, ma un agriturismo dove il suo solo obbligo sarà di essere se stessa. Questa volta, però, l'uomo-roccia non esce, ed è lei a entrare. Nel salone una coppia di anziani sta leggendo su due comode poltrone vicino al camino, che al momento è ancora spento.

Arriva un cane, e poi un altro. Dietro di loro, sulla porta della cucina, compare lui, in tutto il suo essere palla di fuoco, il sorriso schietto e cristallino che sgorga dagli occhi, addosso un grembiule.

Appena la vede, senza riflettere, l'abbraccia.

«Bianca! Bentornata alla nostra fonte! Felice di vederti! Non sapevo che saresti venuta... Come stai? Che fai di bello?»

Lara sorride felice, sopraffatta da quella sua spontaneità così vera.

«Grazie Giacomo. Felice anch'io di vederti. Niente, avevo due giorni liberi e ho deciso di tornare qui, nel tuo paradiso.»

Lui indugia con lo sguardo, un istante più lungo degli altri, poi conclude: «Hai fatto bene, vieni ti accompagno nella tua stanza, dove sei?».

«Non lo so... La ragazza al telefono mi ha parlato di una tripla.»

Giacomo controlla velocemente il registro e poi afferra una chiave. «Vieni!» le dice prendendole lo zainetto. Nel salire, passano di fronte a quella che era stata la stanza di Jacques e poi alla sua, Alba, e proseguono nel corridoio, che Lara ben ricorda, per fermarsi davanti all'ultima porta sulla sinistra. Giacomo fa scattare la chiave e la invita a entrare.

La stanza è grandissima, con un lettone matrimoniale e un soggiornino arredato da un comodo e morbido divano verde scuro e un vecchio secrétaire. Alle pareti, carta da parati a fiori. A ben guardare, in quella stanza ci sono fiori ovunque, sui cuscini, le tende, il copripiumino... Sembra di essere in un quadro di Botticelli.

Lara si gira verso di lui: «Come si chiama questa stanza? È bellissima!».

«Prima-vera.»

«Ah, che bello!! La primavera!»

Giacomo scandisce di nuovo: «Prima-vera».

Lara non capisce, lui la guarda, sta decidendo qualcosa.

Solo in quel momento Lara si accorge che il suo viso abbronzato è acceso di gioia. Saranno di sicuro le zucchine, pensa. Che fortuna che ha a vivere qui.

Facile essere felici in paradiso.

Giacomo la porta alla finestra del saloncino, si appoggia al parapetto e guarda fuori.

«Da qui vedrai spuntare la prima stella della notte... Eccola... Già c'è. La vedi?»

Lara si sporge ma non vede niente nel cielo che sta timidamente iniziando a scurirsi.

«Guarda bene» Giacomo si avvicina e gliela indica ancora. Ora Lara la vede. Eccola lì che brilla coraggiosa.

«Bene» dice lui «e ora vieni» e va alla finestra accanto al letto. «Da qui domani vedrai i primi raggi del sole. L'alba spunterà sulla tua testa. La benedizione di inizio giornata. E qui» e la porta in bagno «ho dato il mio primo bacio. Ma questa è un'altra storia. Comunque vedi, Biancaneve, questa è una stanza di prime volte e di verità. E di rinascita. Perché la primavera è rinascita. Vero?»

«Sì» risponde Lara, e non sa dire altro. Non vuole dire altro. Quel weekend è per lei e vuole fare solo quello che sente, non più la cosa giusta e perfetta. Quel sì basta.

«Bene» dice Giacomo, nel frattempo arrivato alla porta, «torno in cucina, ti aspettiamo giù a cena» sorriso aperto. Fa per andare e poi torna indietro: «Se hai voglia mangiamo insieme, sarai mia ospite».

Lara non deve neanche pensarci, con lui tutto sembra facile e sereno. «Grazie!» gli dice, mentre lui sorridendo se ne va. E lei rientra nella sua stanza, quella bellissima stanza fiorita. Si lancia sul letto e rimane lì a quattro di bastoni a guadare il soffitto.

Scendendo per cena passa davanti alla stanza di Jacques. Quella sensazione di aver sbagliato qualcosa si risveglia con prepotenza, riattivando in automatico la vecchia dinamica di sempre. Ma questa volta è diverso. Come davanti all'orco cattivo, Lara ha lo scudo dei fiori, delle stelle e del sole. Ha un nuovo respiro su cui contare, la gioia delle bambine, il coraggio di ritagliarsi un tempo tutto per sé, il ricordo prezioso del Vermino Ippolito e gli scatoloni a colori, *La carica dei 101* e l'abbraccio di Nora, lo yoga della risata e le piume degli angeli, il sorriso della sua amica dei formaggi e le braccia forti di Giacomo, abituate ad arare la terra e a tagliare la legna. Quel senso di essere sbagliata, di essere rifiutata, Lara questa volta lo intercetta sul nascere. Lo riconosce, lo saluta. E lo benedice.

Ora nel salone il camino è acceso ed emana un intenso profumo di foresta. Lara scende le scale cercando con gli occhi Giacomo ma non lo vede, allora si incammina verso la cucina. Durante il seminario di Jacques l'aveva solo intravista. Stavolta ci entra e trova due donne con grembiule e cuffietta che spadellano e impiattano. Tra loro torreggia Giacomo, che nel frattempo ha macchiato il grembiule di sugo.

Lara ha l'acquolina in bocca. Si accorge di avere una fame da lupi, come la prendeva da ragazza, dopo sei ore di scuola.

«Buonasera» dice, allegra. Le donne e Giacomo alzano lo sguardo, non l'avevano sentita entrare, coperta dal rumore delle padelle.

Le sorridono.

Chi saranno queste due signore, si chiede Lara, forse una delle due è sua moglie? No, sembrano ben più anziane, forse sorelle.

«Hai appetito?» le chiede lui.

«Tantissimo!» risponde Lara quasi senza farlo finire.

«Bene, ho apparecchiato per noi fuori in giardino.» Le mostra una piccola porta in fondo alla cucina. «Vai pure, ti raggiungo appena ho finito. Ti piace il risotto all'ortica?»

«Mai assaggiato.»

«Bene, c'è sempre una prima volta!» e le fa l'occhiolino.

Lucine

Il giardino è buio tranne per quella candela accesa sul tavolo in fondo e le lucine che circondano la casa. Sono lucine appese qui e lì tra gli alberi e i muri, che mettono allegria. Come a Natale.

Giacomo ha molto gusto, pensa Lara, io non sono così brava in casa. O forse, chissà, magari una compagna c'è davvero e quel tocco così caldo e accogliente è il suo.

La tavola è apparecchiata per cinque, con un'eleganza semplice, essenziale. Piatti, posate in bell'ordine, un fazzoletto di stoffa ricamato per ognuno, bicchieri per il vino e per l'acqua. Un cestino di pane. Lara si siede e attende.

La fame però è troppa, allora afferra un pezzo di pane. Appena lo addenta riconosce il sapore del grano antico, la fragranza della pagnotta fatta in casa che aveva tanto apprezzato durante il seminario. Ed ecco che arriva Giacomo con due caraffe, una dell'acqua e una del vino rosso.

«Assaggialo, lo fa un mio amico in un vigneto non

lontano da qui» le dice, versandole un bicchiere. Intanto, ne ha preso uno anche lui e leva il calice: «Bianca cara, a cosa vogliamo brindare?».

Non lo so, pensa lei con un lieve accenno di pudore che non si aspetta. E poi le esce: «All'amicizia?».

«Bene» dice lui «all'amicizia», e fanno tintinnare i bicchieri.

Giacomo si scusa e torna in cucina per finire le ultime cose. «Bene» dice Lara, usando senza farlo apposta quella sua parola preferita.

Mentre lo aspetta, sorseggia il vino lasciandoselo indugiare in bocca per lunghi istanti intensi. E mangiucchia ancora del pane. Irresistibile, pensa. Assurdamente buono. Si guarda in giro, il cielo è tanto scuro. Ci saranno sicuramente delle nuvole perché la luna, che dovrebbe essere piena, non si vede, e c'è solo qualche stella a punzecchiare la notte. Lara cerca quella che le ha indicato Giacomo prima, ma in tutto quel nero non sa orientarsi.

In quel momento, ritorna l'uomo-sole con un pentolone che appoggia su un tavolino lì accanto. Si è tolto il grembiule. Sorride. Dietro di lui arrivano a ruota le due donne, che invece il grembiule ancora ce l'hanno, ma sono senza cuffiette.

«È il famoso risotto alle ortiche?»

«Sì, Adele lo fa benissimo. È un'antica ricetta di famiglia» risponde Giacomo, servendola per prima.

«Ah, che meraviglia! Siete parenti, dunque?»

Giacomo si siede: «Ma non vi ho presentate? Scusami. Loro sono le mie due zie. Adele e Concetta. Sono le mura portanti di questa casa».

Il risotto si scioglie in bocca, è dolce e amaro allo stesso tempo. Delizioso.

Le donne le sorridono con una sana dolcezza, e la ringraziano dei complimenti.

Mentre chiacchierano, godendosi la cena, Lara chiede del posto vuoto accanto a sé.

«È per mia figlia, sta finendo di lavorare e poi arriva.»

Ecco, pensa Lara, finalmente l'occasione giusta per saperne di più su di lui.

«Ah, hai una figlia, quindi! E quanti anni ha? È la ragazza bionda che ho già incontrato? Penso di averle anche parlato al telefono per la mia prenotazione.»

«Sì, lei è Alice, ha ventiquattro anni.»

«Anch'io ho una figlia che si chiama Alice! E la sua gemella è Alina. Hanno sei anni.»

«Ma davvero? E perché non ce le hai portate qui a Fontenuova?»

«Perché adesso sono con il papà. È il suo weekend. Siamo separati» si affretta a dire Lara. Poi aggiunge: «Da poco».

Giacomo continua a mangiare tranquillo. Non sembra turbato dalla verità di lei. E, dopo due bocconi di risotto, aggiunge: «Sì, immaginavo che ci fosse qualcosa del genere dietro a quegli occhi».

Lara rimane con la forchetta a mezz'aria. Non si aspettava un commento così. Per un attimo si sente nuda. Vulnerabile. Vista.

«Ma in che senso scusa? Quali occhi?»

Giacomo posa il bicchiere sul tavolo: «I tuoi, Lara» le dice con la pazienza che si usa con i piccoli.

Lara sente qualcosa in pancia, di non ben definito.

«Ah, allora sai come mi chiamo?»

Lui non risponde, la guarda fermo e sorride.

La cena continua e dal risotto si passa ai formaggi del posto con contorno di zucchine gialle dell'orto, misticanza e tanto vino. Giacomo le racconta di come è stato crescere in quel luogo, e le zie riportano piccoli aneddoti divertenti della sua infanzia. Amante della natura e degli animali, ogni giorno ne portava a casa uno. Aveva costruito casette per tutti gli uccelli, gli scoiattoli, i conigli, ma anche le lucertole, le coccinelle, i ragni e i vermi.

Lara non riesce a trattenere una risata e rivolgendosi a Giacomo racconta di Ippolito, con gli occhi che brillano fuoco di gioia. Giacomo alza il bicchiere e propone un altro brindisi: «Alle amicizie, vero?». Lara risponde sostenendo il suo sguardo: «Sì, alle amicizie, alla verità e alle prime volte».

In quel momento arriva Alice. È una ragazza carina, il viso dolce, acqua e sapone. Quando la vede, Lara si rende conto di non aver chiesto nulla della madre. Ha perso un'occasione: ora, davanti a lei, sarà più difficile.

La ragazza ha un'aria allegra, serena, ispira simpatia.

«Che c'è per cena?» chiede leggera.

«Il risotto» dice Concetta «alle ortiche» aggiunge Adele.

«Te lo riscaldo» conclude Giacomo alzandosi. E mentre si allontana le chiede: «Tante prenotazioni? Sei riuscita a risolvere con i tedeschi?».

«Sì, papà» risponde Alice «tutto a posto.»

Il padre si alza con il pentolone e torna in cucina, seguita dalle due zie.

Lara e Alice rimangono sole al tavolo. Lara prende la parola, non sa perché ma a un tratto si sente un po' nervosa.

«Ti piace stare qui? C'è molto lavoro in questo periodo? Vivi qui tutto l'anno?» Tante domande tutte insieme per fingere disinvoltura.

«Sì, tanto lavoro per fortuna. Mi piace stare qui, ma non ci vivo, io vivo in Spagna con mamma. Vengo qui solo d'estate per aiutare papà con l'agriturismo.»

Wow, pensa Lara, grazie Alice, proprio questo volevo sapere.

«Ah, ecco, e in quale parte della Spagna?»

«Siamo in campagna» dice Alice, in un posto bellissimo vicino al mare, un po' più a sud di Barcellona.»

«Che bella, ci sono stata da poco e mi è piaciuta tantissimo. Una città gioiosa. Poi io amo il mare...»

«Sì, anch'io lo amo.»

«Siete lì da tanto?»

«Sì, da quando ho sei anni» dice Alice.

«E d'inverno cosa fai?»

«Pratico yoga, sto seguendo la formazione per diventare maestra...»

«Yoga?» deglutisce. «E quale? Hatha? Ashtanga? Vinyasa?»

«No» risponde Alice con un sorriso grande come il cielo. «Yoga della risata...»

Lara non ci può credere.

Mentre cerca dentro di sé una reazione qualunque, arriva Giacomo con un piatto fumante di risotto all'ortica per la figlia. Chiede a Lara se ha ancora fame e lei, ammutolita davanti a tutti questi puntini che si uniscono, decide di fare finta di niente e, per una volta, prendere le cose con leggerezza.

«Sono a posto, grazie. Era tutto buonissimo. E poi sai che sono una fan sfegatata delle tue zucchine. Sono le zucchine più buone del mondo. Sono magiche. Ma cosa ci metti?»

Giacomo ride: «Io non faccio niente, figurati. Sono solo un tramite. Tra la terra e la tavola». Ride anche Lara, pensando a cosa direbbe la sua amica del supermercato.

Alice racconta al padre gli ultimi avvenimenti della giornata, e si perdono per qualche istante in discorsi organizzativi. Lara li ascolta serena mentre guarda la notte. Qualche stella in più è apparsa nel buio, nell'aria c'è un buonissimo profumo di legna che arde, e di bosco. Sorseggia quel vino delizioso, leggero e impertinente, che senza che se ne accorgesse si è intrufolato nella sua testa ammorbidendo gli spigoli e facendo fluire i pensieri. Lara sta bene, è in grazia di Dio, si direbbe. È stata un'ottima idea venire a Fontenuova. E che bello essere stata accolta così, al tavolo di Giacomo e della sua famiglia. Se Alice e sua mamma vivono in Spagna, molto probabilmente anche lui è separato, divorziato, chissà se si è rifatto una vita. Lara spera segretamente di no. Anche se non dovrebbe.

L'uomo-albero, che ha finito di parlare con la figlia, interrompe i suoi pensieri: «Vuoi assaggiare la crostata di zia Adele?».

Alice si intromette: «È pazzesca, devi provarla!».

Lara ride: «Va bene, Alice, mi hai convinta, non posso dire di no».

Giacomo sorride, prende il piatto vuoto di Lara e fa per andare in cucina.

«Aspetta ti aiuto» gli dice lei.

Giacomo la ferma: «Sei in vacanza, una serata per te. Sei venuta qui apposta. Siediti, rilassati bevi, arrivo».

Lara esegue. Grata. È proprio così. È venuta qui per pensare a se stessa. Per stare bene. Per cercare il bene suo e delle gemelle, le sue meravigliose creature che la stanno spingendo a evolversi, a guarire. Pensando alle bambine, non riesce a fare a meno di guardare Alice. Chissà come saranno a vent'anni – la sorprende il pensiero –, speriamo di fare un buon lavoro. Giacomo sembra esserci riuscito, e sicuramente anche la mamma è stata brava. Quella ragazza sta bene, si vede.

Lara vorrebbe chiederle se fino a sei anni ha vissuto lì, in quella casa. Vorrebbe sapere come è stato crescere con una mamma in Spagna e un papà in Italia. Se i suoi genitori vanno d'accordo. Se ci sono altri figli da qualche parte. Se suo padre si è risposato o fidanzato. Vorrebbe sapere tante cose. Ma ecco che arriva Giacomo con il suo pezzo di torta. E una bottiglia piccola con un liquido nero che appoggia sul tavolo.

«Ecco, Bianca, la torta magica. E qui c'è il nocino che faccio io. Questa è una mia ricetta. Ti va?»

«Certo, grazie. Ma se mi fai compagnia tu. Io stasera ho bevucchiato…»

«Bene» la risposta distintiva di Giacomo, e versa tre bicchierini.

«Perché la chiami Bianca se il suo nome è Lara?» gli chiede Alice.

«Ci siamo incontrati così e così è rimasto: Biancaneve, Bianca per gli amici!»

Il nocino è fortissimo e le esplode dentro, forte e sincero come Giacomo. Lara deglutisce e sente la fiammata che scende in pancia e risale dritta in testa. Passando dal cuore, dove accende il camino.

«Buono» sorride a Giacomo «intenso.» E non sa come ma quell'«intenso» le esce pieno. Giacomo lo coglie e guardandola le dice: «Sì. Intenso». Qualche istante di danza di sguardi tra i due, una cosa nuova, che Lara davvero non si aspettava. Com'è possibile? Ho sbagliato di nuovo?, si chiede. Non abbiamo appena brindato all'amicizia? È solo l'effetto dell'alcol, si rassicura.

Alice si alza, inizia a sparecchiare, dice che è stanchissima.

Lara la segue: «Mi lasci aiutare per favore?» chiede a Giacomo, che intanto si è alzato anche lui e sta impilando i piatti.

«Ogni suo desiderio è ordine» le risponde con un sorriso per rendere quella risposta intensa come il suo nocino, dolce e morbida. Lara ci può atterrare e sentirsi di nuovo serena.

Stelle o fuoco?

Riordinata la cucina, Giacomo le offre diverse alternative. Possono andare in soggiorno a godersi il fuoco, fare una passeggiata sotto le stelle, o andare a dormire, se Lara è stanca. Alice è già andata a letto. Lara sa solo che non vuole salutarlo adesso.

«Tu cosa vorresti fare? Stelle o fuoco?»

La terza opzione non è contemplata.

«Stelle *e* fuoco» le dice lui.

«Bene» risponde Lara.

L'aria fuori è fresca giusta. Ed è Giacomo che inizia a fare le domande. «Dove sei nata? Non certo a Torino, o sbaglio?»

«No, infatti, sono nata a Napoli.»

«Bella città.»

«Sì, bellissima, ma super caotica. Davvero un casino. Se sei mamma single poi deve essere invivibile.»

«Da quanto ti sei separata, Lara?» Giacomo usa il suo nome come una carezza nell'aprire un argomento che sa essere doloroso.

«Da poco.»

Questo poco che dice tutto crea silenzio tra i due. Un momento di riflessione per entrambi. Si guardano i piedi. I passi. Uno alla volta. Un piede dopo l'altro.

«E tu?» chiede finalmente Lara. «Sei separato sposato fidanzato?»

«Mi sono lasciato con la mamma di Alice quando lei era piccola, ma abbiamo continuato a vivere insieme per un paio d'anni, tutti insieme in questa casa, c'erano anche i miei genitori. E le zie. È stato un caos. Finché lei non ce l'ha fatta più. È voluta tornare a casa sua, da sua madre, le sue sorelle e i suoi amici, la sua terra. Lei è spagnola. E così ha portato Alice a vivere lì.»

«E com'è stato per te?»

«Difficile. Molto. Non volevo. Mi sono opposto. Ma alla fine non c'era altra strada che lasciarle andare.»

«Sei stato bravo.»

«No. non credo. So di aver generato molto malessere. Ma per me è stata davvero durissima. Andavo spesso a trovarle d'inverno. E la madre lasciava che Alice venisse qui tutta l'estate. Ma non era la stessa cosa che averla con me, vicina. Abbiamo cresciuto così la nostra bambina.»

«E poi ti sei risposato?»

Lara vuole sapere, non si ferma a pensare se quella domanda sia troppo, o fuori luogo. E poi con Giacomo si sente che nulla è fuori luogo e nulla è troppo.

«No. Mi sono innamorato, quello sì. Ma poi anche quello è finito. E ora sono qui nella mia terra, che amo profondamente. Nella vita che amo profondamente. Ma senza troppo attaccamento. Ho capito che è proprio l'attaccamento che ferisce e che crea i problemi. L'attaccamento. Tocca fluire. Lasciarsi fluire.»

Lara lo trova bellissimo, in quel momento. Non lo aveva mai pensato, di lui, perché non rientrava nei canoni estetici a cui era abituata. Ma in quel momento, sotto la luce delle poche stelle nel bosco incantato, le parole di Giacomo così vere lo vestono di una bellezza forte. Lara sente di nuovo la pulsione del desiderio. E di nuovo non sa cosa farne. Questa voglia la lascia confusa.

«Rientriamo?» chiede lui. «Si è fatto fresco. Dentro ci aspetta un bel camino.»

«Sì» dice lei, grata della proposta.

Dentro l'agriturismo è vuoto. Solo la luce accesa del salone, e il fuoco che si sta per spegnere.

«Vado a prendere la legna» dice Giacomo.

«Posso venire con te? Io adoro la legna, i camini...»

«Sei una tipa da campagne, allora.»

«Sì, penso proprio di sì, e penso proprio di esserlo sempre stata.»

In quel momento Lara avverte quella frase come la prima verità che si svela. La prima-vera verità di quella serata.

Giacomo e Lara escono, vanno a una piccola catasta di legno appoggiata al muro dell'agriturismo. Giacomo si riempie le braccia di tocchi di legno, Lara ne prende qualcuno, e insieme ritornano dentro. L'uomo-roccia si inginocchia davanti al camino, sistema ad arte i pezzi di legno e poi soffia, soffia e risoffia, finché il camino non si riaccende. Non aveva mai pensato che saper accendere un camino potesse essere sexy. E gli guarda le braccia. Forti, sincere, abbronzate e vere. Si ricorda di non avere neanche un filo di trucco addosso. E si siede con lui in silenzio davanti al fuoco.

Mi faccio avanti. Eccomi di nuovo che busso, che tiro fuori le nocche coraggiose. Mi lancio nel fuoco. E lo faccio avvicinandomi a lui.

«Hai qualche donna nella tua vita adesso?» Lo guardo negli occhi.

«Conoscenze» dice lui «ci si tiene compagnia ogni tanto. E tu? Com'è andata con Jacques?» Non ci posso credere: come fa a saperlo? Forse ci ha visti? Un attimo di vergogna e di imbarazzo si impossessa di me. Sembro una che ci prova con tutti? Mi sento vulnerabile, vorrei scomparire.

«Ma come fai a saperlo?» le scappa, con Giacomo non può mentire, si sono promessi verità. E lui risponde sereno nella sua forza. La verità non lo fa traballare, mangia secchiate di verità a colazione, e si vede. E poi il suo orto lo tiene al sole. Sembra fatto proprio di quello. Di sole, di colori, di farfalle, e ancora di sole. Sembra una delle sue zucchine. Chissà come deve essere delizioso da mordere, pensa Lara.

«Cara Bianca. Sono un vecchio lupo di montagna, certe cose le so fiutare.»

«Be', complimenti. Mi sembrava di averlo nascosto bene. Evidentemente non era così. Oppure tu sei particolarmente bravo. Comunque nulla, non c'è stato più nulla con Jacques. Diciamo che ho scoperto che non era la persona che mi aspettavo fosse.»

Giacomo sorride. Con gli occhi rivolti al fuoco sposta qualche legnetto e ne aggiunge un altro. I loro visi sono illuminati dal caldo giallo e rosso. Le guance di Lara iniziano a colorarsi, le viene voglia di togliersi il maglione. Sa che sotto ha solo la canottiera e non ha neanche messo il reggiseno. E forse la canottiera bianca è un po' trasparente. Si sfila il maglione dalla testa e nota che sì, Giacomo la sta guardando. Le guarda il seno, i capezzoli. Anche lui si sente guardato e non distoglie lo sguardo. Semplicemente i suoi occhi salgono ai suoi, ed eccoli di nuovo in quel magico incastro. Il desiderio in Lara si accende più forte del fuoco che ha davanti e avverte negli occhi di Giacomo lo stesso desiderio. A quel punto è inevitabile. «Giacomo io...» deglutisce. Non sa continuare. Allora lo fa lui. Avvicina il suo viso al suo. Con la mano le accarezza una ciocca e poi segue la guancia e il mento. Lara sente un fremito in tutto il corpo, è proprio quello che desiderava, sentirsi addosso le sue mani. Adesso vuole di più, vuole sentire la sua bocca contro la sua, assaggiarne il respiro. Giacomo avvicina ancora di più il viso a quello di Lara. E poi si ferma, i due nasi si toccano, gli occhi si guardano profondamente. Più vicino non si può. «Lara tu sei bellissima.» Le parole le scivolano dentro dolci come miele.

Ora Giacomo le ha infilato la mano nei capelli, li accarezza, le tiene la testa e continua guardandola negli occhi: «Ora hai bisogno di stare con te stessa, lo sai questo? Io lo so. Io lo conosco. Ci sono passato».

Poi si allontana di qualche centimetro, come se volesse guardarla meglio. Sorride. Quell'uomo, oltre a essere forte, sa anche essere dolce, attento. Ma queste sue parole, oltre ad averla accarezzata, abbracciata, accolta, accudita, l'hanno anche ammazzata. Giacomo le sta forse dicendo che lei ora non è pronta per stare con lui? Dove era il bacio che dovevano darsi?

Lara non riesce a capire. Il suo corpo non riesce a capire. E allora deve parlare.

«E cosa ne facciamo di Noi, adesso? È vero quello che dici, ne sono consapevole. Ma adesso sono qui, e tu sei qui con me.»

Rimangono a guardarsi negli occhi, lui continua ad accarezzarle il viso, le sue dita adesso scendono sulla bocca, le accarezza le labbra. A quel punto Lara non resiste più. Lo bacia. Un movimento netto e intenso. Senza scampo.

Si ferma lì in punta di piedi ad assaporarne tutto il gusto. Lo assapora dalle labbra, delicato, un tocco delicato che sa prendere dentro tutta l'essenza dell'uomo straordinario che ha davanti, e che ora sta finalmente baciando. Labbra contro labbra, un'apoteosi di gusto, la sensazione più soffice che Lara abbia mai sentito. E poi piano piano si fanno avanti. Le bocche si aprono per incontrarsi con più profondità. Ora che si sono conosciuti, ora che hanno letto l'impronta l'uno dell'altra, l'essenza l'una dell'altro, si lasciano trasportare ed entrano in contatto più profondo. Sono le lingue adesso a sentirsi. Morbide, deliziose, dolci. Una poesia. Quel bacio è una poesia. Una benedizione.

La pelle calda baciata dal sole. Le labbra si ritrovano con più intensità, il bacio si avviluppa in una danza sensuale. Si staccano, si guardano, adesso la foga si impadronisce di loro, la voglia e la sete l'uno dell'altra è quasi incontenibile, le mani di lui dal viso scendono giù, le tocca la spallina della canottiera e poi continua verso il seno, a disegnarne la circonferenza, ad accarezzarle i capezzoli. Lara non può più fermarsi. In gola il groppone del desiderio. In pancia uno scoppio. Non resiste, si alza in piedi, lo bacia così. E poi apre le gambe e si siede sopra di lui. Il contatto è fortissimo. Verissimo. Si sentono. Una danza di desiderio. Giacomo allora si alza con lei in braccio. Le gambe di lei intorno alla vita di lui. Lara non riesce a capire come faccia a sollevarla così, da seduto. Piano piano Lara scende, lasciando scivolare i piedi a terra.

«Andiamo di sopra» lui le dice. Si prendono la mano e camminano su per le scale, attraversano il corridoio in silenzio, si fermano davanti alla porta di lei. E non riescono più a trattenersi, si baciano. Lara prende le chiavi, Giacomo apre. Una volta dentro, continuano a baciarsi senza mai staccarsi, senza mai staccare le mani l'uno dall'altra. Si spogliano a vicenda, Lara gli toglie la maglietta, Giacomo la canottiera. Lara continua a baciarlo. Lui la stacca dolcemente e la guarda. E poi la accarezza dal viso giù verso il seno e poi sulla pancia, l'ombelico, le dita che tratteggiano dolcemente il perimetro di lei, che delineano con dolcezza il suo confine. Lara rimane lì e si lascia disegnare e accarezzare. In lei nessun tipo di vergogna. Guarda a sua volta il suo petto nudo, lo accarezza, scende alla pancia, e poi ancora più in giù. Lui la prende con foga e la bacia, la foga li porta sul letto. Un amore lento delicato dolce ma pieno di passione. Un amore bellissimo, che lascia entrambi sazi sdraiati uno accanto all'altra a guardare le stelle dalla finestra. Mano nella mano.

«Questa è la mia Prima-vera volta» dice Lara. E rinasce.

Abbracciati

Siamo rimasti abbracciati a letto per tanto tempo. Abbiamo parlato di tutto. Delle nostre figlie. Ma anche dei nostri sogni e delle nostre paure. Gli ho raccontato del mio percorso con la sciamana, dei miei disegni. E poi gli ho raccontato del mio attacco di panico a casa e di quando ho avuto paura di aver perso le bambine. Poi gli ho detto del nuovo appartamento. Gli ho parlato a lungo del terrazzo e della gioia che mi metteva. Lui mi ha raccontato di quando era bambino, dei suoi sogni, dei suoi segreti, di quanto si sentisse solo e di quanto si sentisse felice in mezzo alla natura. Ci siamo accorti di quanto fossimo simili nonostante le nostre vite fossero state così diverse.

Solo verso la fine gli ho raccontato del mio passato di ballerina. Giacomo rimane colpito e mi fa mille domande. La mia danza lo affascina tantissimo, lui che ama l'arte, la musica, la poesia, la letteratura.

«Quanto mi sarebbe piaciuto vederti sul palco» dice.

«Chissà, magari un giorno» rispondo io.

È la prima volta, dopo tanti anni, che mi vedo di nuovo ballare, su quel palco che era stato così importante nella mia vita prima delle bimbe. Chissà. Avevo sempre pensato che la danza e la maternità non fossero compatibili, ma per la prima volta quell'immagine si è accesa nella mia testa restituendomi una sensazione di forza. Come se dietro ci fosse una ripresa di potere. Come se quell'immagine rappresentasse l'integrazione di tutti i miei mondi.

Poi parliamo dell'orto. Gli chiedo di insegnarmi tutti i trucchi perché vorrei tanto fare un orto sul mio terrazzo. E poi trovo il coraggio di parlargli della storia degli angeli e delle piume. Giacomo ascolta interessato, incuriosito, senza giudizio.

Parliamo fino a notte fonda finché senza accorgerci ci addormentiamo. Io appoggiata sulla sua spalla forte e lui che mi abbraccia dolcemente.

Buongiorno

Le prime luci dell'alba le sfiorano il viso, un «Buongiorno» dolce e delicato. I raggi le bussano agli occhi. Si guarda in giro, e poi si volta verso Giacomo. Che però non c'è più. Lara fa un respiro profondo e pensa alla notte scorsa. La notte più bella passata con un uomo. La qualità del loro incontro di un'intensità e una profondità mai provate prima. Ne aveva letto nei romanzi, ma la verità che li ha abbracciati è vera, non letta nelle pagine di un libro. Che strano, mai aveva pensato, quando aveva prenotato la sua stanza tripla al telefono con quella voce gentile che poi era sua figlia, che una cosa così sarebbe potuta succedere. La vita è davvero un regalo e un mistero.

Lara rimane a letto a fantasticare, poi si alza, si lava, si spalma la crema, i leggings e la maglietta. Una pettinata e via, nella semplicità del riflesso che le rimanda lo specchio. Si sorride. «Di cosa hai bisogno oggi per essere felice? Cosa posso fare per te?» chiede ai suoi occhi. La risposta arriva anche questa volta in immagini. Si vede nel ruscello dove era stata con le sue fate del bosco a immergere i piedi nell'acqua fresca, e poi si vede nell'orto di Giacomo abbracciata a lui. Bene. Andiamo! E si porta giù nel salone. Incontra Alice che sta apparecchiando i tavoli. Non riesce a nascondere l'imbarazzo. Ma Alice serena e leggera la saluta con bel: «Buongiorno Lara! Ti sei svegliata presto! Hai dormito bene?».

«Sì, grazie, benissimo! Mi sono svegliata con i raggi dell'alba sul viso... Il paradiso.»

«Ah sì, quella stanza è magica. Succedono cose speciali.» Davvero, pensa Lara. E pensandolo pensa a Giacomo e alla magia del loro incontro. Un incontro così speciale che ci si potrebbe scrivere una poesia. Lara non scrive poesie da quando aveva nove anni.

Nel mezzo dei miei pensieri incessanti
mi hai strappata
e mi hai riportata
in me
in te sento il rumore del tutto.

Una follia così che le si abbozza nel cervello. Qualcosa di selvaggio e antico, lasciato nei cassetti che grazie alla sciamana e a Giacomo si sono spalancati.

«Come stai tu, cara Alice?» Lo dice con affetto sincero.

Alice risponde a quel «Cara» con un sorriso accogliente: «Bene, grazie! Avrei dormito molto di più, ma vabbè...».

«Immagino che hai già fatto colazione?»

«No, aspetto sempre metà mattina, non ho mai fame quando mi sveglio. Ma se la vuoi fare c'è papà in cucina che sta finendo di preparare. Penso ci sia ancora del caffè dalla prima moka, se ti va.»

Chissà se ha intuito cosa è successo nella stanza dove succedono cose speciali, pensa Lara guardandola.

«Grazie» le dice, e con non poco tremore si avvia alla cucina. Chissà se lui avrà voglia di rivedersela piombare nel suo spazio. Se si è pentito dopo questa notte d'amore. Lara teme il suo imbarazzo.

Appena entra viene assalita dal profumo di caffè e di torta e cannella. Delizioso, pensa. E poi dall'immagine dell'uomo che l'ha saputa amare come nessuno prima. In fondo alla cucina, intento a disporre la marmellata nelle ciotoline per la prima colazione. Sole anche così, con il grembiule.

«Buongiorno» gli lancia Lara da lì. Vuole studiare la sua reazione prima di avvicinarsi. Capire se è via libera o meno. Giacomo alza lo sguardo e sorride, come sempre. Con la sua solita tranquillità. Nulla è cambiato. Siamo salvi, pensa Lara. Lui è sempre lui. Nessun cambiamento e nessuna trasformazione. È rimasto integro, coerente con se stesso. Felice, si avvicina. Ma non troppo. Di là c'è sua figlia, e lui sta lavorando. Non vuole metterlo in difficoltà. Da una certa distanza gli dice: «Alice mi ha detto che forse c'è ancora del caffè nella moka...».

Giacomo: «Sì, c'è, serviti pure. È lì. E le tazzine sono in quell'armadio» e la fa subito sentire a casa. E continua: «Bianca, hai dormito bene?». Ora nel suo sguardo e nel tono c'è l'intimità dell'amante che si è addormentato abbracciato a lei.

Lei ricambia il sorriso di intesa.

«Mai dormito così bene.» E poi: «E tu?».

«Anch'io, ho dormito benissimo.»

«Bene» dice Lara. E lo saluta.

I piedi che toccano terra

Ora sono fuori nel bosco, ma a differenza dell'altra volta, oggi so già dove andare. Non ho nessun principe da cercare, nessun guru da trovare. Voglio solo immergere i piedi nel ruscello ghiacciato e lasciare che l'acqua porti via tutto quello che non mi serve più. Tutte le preoccupazioni e le paure di non essere abbastanza per la vita che mi è stata affidata. Non abbastanza e non giusta. Queste due sensazioni che mi immobilizzavano e mi rendevano soggetta a qualunque attacco, esterno e interno, perennemente nel dubbio. Non sono abbastanza madre, non sono abbastanza donna, non sono stata abbastanza moglie. Sempre io con una pecca, un tarlo, un'ammaccatura che mi rendevano meno degli altri, gli altri sempre in grado e io che annaspavo, imperfetta, zoppicante, ammaccata. Meno di.

Il sole si sta scaldando. Quanto amo questa sensazione dei piedi che toccano terra? Che bello poter camminare scalzi. I miei piedi. E che bello stare qui da sola. Giacomo ha detto la verità. Ora ho bisogno di guarire. Forse più di tutto. Forse anche più di stare con qualcuno. Ma lui è un uomo-miracolo. Nessuno mi aveva mai fatto stare così, nessuno mi aveva fatto sentire così. Un miracolo, la connessione ieri. E poi la sua serenità la mattina. Ieri mi ha detto che forse sono la donna che stava aspettando. Però ha detto forse. Forse. Quel forse mi uccide. Perché forse? Non sa neanche lui se sono abbastanza? Sempre lì finisco, nel baratro del dubbio di non andare bene. Come se ci fosse sempre qualcosa che devo fare, di più, di meglio, per meritarmi un morso di felicità.

Ecco il torrente gelido. Freddo. Più freddo di come me lo ricordavo.

Voglio fare una preghiera:

O tu torrente che arrivi saggio dalla montagna
alto
e vedi
da lassù
distaccato
dal mondo che si perde e non si ricorda più.
Dammi oggi il tuo ascolto e la tua benedizione. Pulisci da me tutto quello che mi ostacola
tutti i dubbi e le paure che non mi permettono di essere me.
Pulisci con la tua acqua certa le mie incertezze.
Dammi quella essenza cristallina di verità racchiusa in ogni goccia della tua acqua.

Cammino qui e purifico il mio sé più profondo.

Dammi la luce, la forza, dammi la cura alle mie paure, al mio dolore. Per favore Acqua. Ascoltami.

Vedo le bimbe che giocano felici, ritorno al giorno del

parto, alla paura che avevo quando me le hanno messe in braccio, alla sensazione di responsabilità che mi ha presa al cuore e mai più lasciata. Forse da lì è nato il senso di colpa, dal sapere che non avrei mai saputo essere abbastanza per quel compito enorme, che da qualche parte avrei sempre sbagliato, che se avessi fatto del bene a una delle due voleva dire che avrei tolto all'altra... Vedo il papà delle bimbe in sala parto. E lo sento anche un po' papà mio. Vedo i momenti insieme, tutti e quattro, e poi mi vedo per terra da sola nel nostro appartamento, nel buio totale, gli occhi ciechi, le gambe che non stanno in piedi. Mi vedo sullo stesso pavimento mentre mi masturbo pensando a Jacques. Mi vedo sola. Quanto dolore ancora dentro. Cocci rotti che sbattendo fanno una nuova musica. Me.

L'immagine di mio padre a cui non penso da tempo. Un papà morto quando ero troppo piccola per saper essere me. Rivedo il sogno che ho fatto poche notti dopo la sua morte. Papà era uscito dalla tomba perché in realtà era vivo e aveva fatto il giro del mondo prima di tornare finalmente da me e raccontarmi tutto. Ricordo le mie lacrime nel sogno. Quanto ero stata felice di rivederlo!

Papà... Sono sicura che tutto sarebbe andato bene se tu fossi rimasto accanto a me, a proteggermi, guidarmi. Tu sicuro e forte. Il mio papà, la mia guida. Che poi non c'è stata più, e io sola, a capire come si stava a galla, come ci si proteggeva. Ma come facevo lì sul palco con il cuore aperto a sentire tutto?

Respiro. Guardo il sole che gioca con i raggi tra le foglie. Che salta e balla. È tanto che non penso a papà. Vi-

sto che non posso abbracciarlo, prendo un albero. Ho bisogno di sentire la certezza delle radici e del radicamento, il centro solido e stabile. Eccolo. Questo mi piace. Appoggio la fronte e lo sento calmo, poi appoggio la mano e mi lascio ascoltare anche io. Mi giro e ci appoggio tutta la schiena, e mi lascio tenere. E resto qui. L'acqua ora scorre dall'alto degli occhi giù verso terra. Lacrime antiche, la diga tenuta e trattenuta che con calma inizia a fluire. L'albero mi sta dando l'accoglienza di cui avevo bisogno. Sento che posso fare uscire. C'è papà.

Resto appoggiata a quell'albero per un tempo indefinito, attimi che sembrano eterni. Piango senza sosta. A un certo punto mi appoggio anche con il sedere, piego le ginocchia e metto a riposo le gambe. Le lacrime non smettono più. A volte arrivano come singhiozzi, quando l'emozione si accartoccia e non riesce a scorrere, allora una mano va al petto e massaggia. Mi lascio andare contro il tronco e mi sento sorretta, così anche quel grumo, quel nodo si districa, si scongela. E poi ancora e ancora. Un torrente che nasce dai ghiacci dei miei sentimenti non concessi. Una valanga di dolore che si fa liquida. È il ruscello che trasforma il mio dolore nella sua acqua, nella sua medicina.

Rimango lì per tanto tanto tempo. Poi finiscono le lacrime, sento che il serbatoio è vuoto, secco. Rimango lì seduta, appoggiata al mio albero. Sono in pace, la quiete dopo la tempesta. Riesco a sentire il bosco e i suoi rumori, che fanno eco alla calma impercettibile della mia testa. Finalmente la morsa dei pensieri costanti lascia il posto a un fluire lento e pacifico. Ascolto il bosco e il bosco ascolta me. Una nuova pianta che ha sparso tutti i semi che teneva nascosti dentro. Mi sento parte del bosco. Una piccola pianta. Appena nata.

Il sole si è spostato sopra la mia testa e mi invita ad alzarmi. Allora saluto con un bacio l'albero-maestro-padre e riprendo il cammino. I piedi si muovono diversi, più calmi, più in ascolto. Io seguo loro, non penso. Mi conducono al cancello di legno scricchiolante. Eccomi nell'orto. Ad accogliermi, colori e farfalle e raggi che scendono come lampi a iniettare luce ovunque. Vita. Piante e fiori e verdure... Tutti insieme a cantare poesia. Un inno all'abbondanza. Che bella danza che ha fatto Giacomo con la sua terra. Ecco il perché di quel suo sorriso.

Dentro non c'è nessuno, cioè è pieno di esseri, ma non di Giacomo.

Quasi mi piace continuare a stare da sola, e godere di quel paradiso brulicante con me stessa, nella stranezza delle cose che mi chiede il mio corpo. Mi viene voglia di sedermi e stare lì con la terra, gambe incrociate, schiena dritta, mani appoggiate sulle ginocchia con i palmi rivolti verso l'alto, a sentirmi circondata dai colori e dalla gioia. Un arcobaleno intenso di vita brulicante, assordante nella sua intensità.

Se chiudo gli occhi vedo arancione e verde ma soprattutto giallo di sole, sole, sole. Sto sentendo quello che sente la zucchina ogni giorno della sua vita. Se resto così anch'io, a nutrirmene per un po', divento anch'io felice e deliziosa. La cura sta qui, in questo sole e nella magia che mi circonda, nella terra che brulica e che mi dice che va tutto «Bene».

Una bellissima luce

Lara rimane in meditazione finché non cambia di nuovo l'angolo del sole e da mezzogiorno si passa al primo pomeriggio. Le due e mezza e Lara riapre gli occhi, forse ha anche un po' dormito, o comunque è scesa in uno stato di rilassamento totale che l'ha rigenerata nel profondo. Si alza, si stiracchia. Intorno a lei tutto ha continuato a crescere e a nutrirsi. Sente fame, in effetti non ha ancora mangiato. Chissà che ore saranno, si dice. Il telefono lo ha lasciato in camera. Chissà le sue bimbe come stanno. E poi si avvia scalza, piena e leggera all'agriturismo.

Entra in cucina dalla porta del giardino, le zie stanno rigovernando e Alice sta mangiando da sola a un tavolino. Zia Concetta la vede e la invita a entrare. Alice le lancia un: «Eccoti! Come stai? Papà ha detto che stavi meditando e di non andare nell'orto finché non finivi».

Ah, pensa Lara, allora mi ha vista. «Ma che ore sono?» le chiede avvicinandosi. Alice guarda l'orologio attaccato al muro della cucina che a Lara era sfuggito, «le 14.40...».

«Mammamia! Mi sono proprio persa nei boschi... Che meraviglia» e si siede al tavolo con lei. È un po' spiazzata dall'ora, deve tornare con i piedi per terra, richiamare il cervello che aveva voluto spegnere in onore del corpo.

Mentre assaggia una squisita frittata alle zucchine, piano piano iniziano a tornare i pensieri e la realtà intorno a lei riprende una forma concreta. Si ricorda che oggi è domenica, che deve andare a riprendere le bimbe dal padre per le 18.30. Dall'agriturismo ci vogliono tre ore senza sosta, non ha neanche un'ora prima di partire. Colpo al cuore. Si affretta a finire. Si sente tornata. Si alza, ringrazia, appoggia il piatto nel lavabo. Si scusa, deve cercare Giacomo per salutarlo perché tra poco dovrà partire. È nello studio in fondo al salone, le dicono le zie. Lei ringrazia di nuovo e saluta.

Si abbracciano tutte. Abbracci sinceri.

Si sono piaciute.

La porta dello studio è chiusa. Bussa. Una voce, la sua, dice: «Avanti». L'uomo-sole è seduto al tavolo della scrivania davanti alla finestra. Porta gli occhiali, mai visti finora, una maglietta azzurra con un arcobaleno, un pochino sbiadito dai lavaggi. E quel suo sorriso caldo, che si accende appena la vede.

Lei si avvicina, il tempo è poco, deve andare avanti forte e decisa.

«Ho avuto un'esperienza pazzesca nel bosco. Sono stata accolta e curata.»

«Sì, ti ho vista nell'orto a meditare. Sembrava che le cose andassero molto bene per te, eri circondata da una bellissima luce, ho preferito non disturbarti.»

Lara abbassa lo sguardo. L'accoglienza di Giacomo per quelle sue stranezze è disarmante.

«È stato davvero incredibile. Ho anche incontrato un albero dolcissimo che mi ha permesso di lasciar uscire tante cose che erano dentro da troppo. Un albero-padre. E prima il torrente che mi ha insegnato a fluire, a lasciar andare. Questo è proprio un posto magico.» E poi, senza prendere fiato, si lancia in avanti: «Ieri è stato bellissimo, la notte più bella di tutta la mia vita. Non sono mai stata così».

Giacomo si toglie gli occhiali, si alza. E le va incontro. «Lara cara.» Le arriva davanti e posa su di lei le sue mani ferme. «Il nostro incontro è stata una poesia.»

Lara si illumina. «Sì, lo sento anch'io» e pensa alla poesia strampalata che le è uscita di getto quella mattina.

Giacomo la tiene forte. «Quello che c'è tra noi lo sappiamo entrambi» le dice. «La verità di quello che ci ha abitato la conosciamo. Tu hai un percorso da fare, quello di tornare a te stessa, di guarire. E ritrovarti. E lo devi seguire con la massima concentrazione. Mettendoti al centro di questo processo. Lo farai per te. E per loro. E poi, se lo vorrai, anche per me.» Sorride, la guarda, la tiene.

Lara non capisce, adesso, ha quasi paura di quelle parole, ma sente la sua presenza, con lei. Lui la tiene, e le dice che deve andare. È una cosa strana. Difficile da razionalizzare.

«Scusami, non ho capito… Intendi che non dobbiamo vederci più?»

«Intendo che tu ora devi stare nel tuo processo di guarigione, che è essenziale per tutto il resto.»

«Quindi non mi vuoi più vedere?» Ecco la parte impaurita e ferita di Lara che esce allo scoperto. Mi sta abbandonando anche lui? Lui le prende il viso tra le mani, e la bacia. Un bacio dolce e delicato. Poi si stacca e la guarda. E le dà un altro bacio.

Quindi la porta fuori, e si ferma davanti a una casetta dove è appesa una bellissima voliera di legno intarsiato. «Questa è per le tue bambine, per la vostra nuova casa. Metti la voliera in terrazza, così arriveranno le tue guide, gli uccelli, lascia la porta sempre aperta. Qui dentro da bambina Alice aveva voluto mettere una piscina per gli uccelli, perché diceva che d'estate avevano troppo caldo, allora l'abbiamo fatta insieme. Quindi una villa con tanto di piscina. Credo che ad Alina e Alice piacerà.»

La casa degli uccelli è bellissima. Fatta di un legno pregiato. Scuro.

«Stamattina l'ho rimessa a posto, dovrebbe andare bene, che dici? Ti aiuto a sistemarla in macchina.»

Lara è senza fiato. Dentro di sé un torrente di bene che passa da lei a lui.

Si abbracciano, cuore contro cuore.

«Grazie» gli mormora, dal profondo di sé.

«Va ora, Lara. Non dubitare più.»

Lara si stacca. Lo guarda negli occhi, luminosi come gemme preziose. E pensa alla prima stella del firmamento. La prima stella della notte. Quella che ha il coraggio di affacciarsi per prima nel buio e fare luce. Pensa alla Prima-vera. E gli sorride.

La piccola Lara

Il ritorno di Lara a casa si è svolto in ascolto. Ha parlato poco e ha sorriso tanto. Ha salutato il suo ex con una nuova calma nel cuore che la teneva radicata dentro.

Quella sera si è resa presente in ogni gesto, dalla cena al bagnetto alla messa a nanna. E poi si è addormentata con le sue bimbe. Tutte e tre nel lettone. E lei, in mezzo alle sue creature di luce.

Le giornate poi si susseguono affannate, piene. Lara rincorre le cose da fare, e di tempo per pensare non ce n'è. Giovedì arriva il camion dei traslochi. Lara deve fare tante cose per chiudere e portare via tutto quello che serve e regalare quello che invece sa che non avrà spazio nel loro nuovo nido. Ha messo i mobili su un portale di cose usate, chi li vuole se li viene a prendere, gratis. Comincia una processione quotidiana di gente. Ogni tanto le gemelle si ribellano a quella disgregazione della loro casa, agli sconosciuti che vengono a prendersi un pezzetto di quello che è stata la loro vita. Ma poi si scordano e vengono prese da altri pensieri di gioco.

In un lampo è mercoledì e Lara alle 14 si ritrova seduta davanti al computer mentre cerca tra le email il link che le ha mandato Alma. Tante cose sente Lara nel cuore. Tante cose che vuole raccontare a quella donna sensibile e magica connessa con la natura. Lei capirà. Il torrente, il pianto. Lei capirà la storia di Giacomo e il suo lasciarla andare. Deve parlarle del suo corpo. E non ha bisogno di sentirsi dire: «Brava Lara». Questa volta lo sa da sé.

Alma apre la videochiamata e la saluta. Lara ricambia e inizia. Il racconto è lungo, e importante. Lara le racconta delle bambine e della paura di averle perse, della serata davanti al film che guardava da bambina e della connessione profonda con loro. Della gioia e del gioco. E poi del suo weekend nell'agriturismo. Qui scende nei dettagli, ha bisogno di rivivere quelle due giornate pazzesche per mettere ordine. E vuole che Alma percepisca bene l'intensità di tutto ciò che è stato.

Lara si sofferma sulla sofferenza che sente nel non potersi vivere Giacomo. Le parla di suo papà, e dell'albero. Alma resta a guardarla un attimo in silenzio e poi le chiede di mostrarle il disegno della sua paura. Che era rimasto ancora da lavorare dalla scorsa volta. Lara se ne era totalmente dimenticata.

Non ricordo neanche dove l'ho messo, quel disegno. Ah sì, nel comodino accanto al mio letto. Eccolo. Lo mostro ad Alma. «Spiegamelo» dice lei.

Che strano che non mi commenti neanche un attimo quello che le ho appena detto, penso. Le ho raccontato mille cose e lei nemmeno una parola…

«Ecco, Alma, questa è la mia paura di rimanere sola. Io sono questo puntino nero. Nella vastità del mondo.»

«Quel mondo è vuoto» dice Alma.

Sì, in effetti è vuoto, il mondo che mi circonda. Come se ci fossi solo io. Forse per questo mi sentivo sola.

«Sei sola al centro del tuo mondo.»

«Sì. Sono sola. Non c'è nessuno. Mi sono messa da sola al centro del mio mondo.»

«E quindi forse questa grande paura è rivolta proprio a quello che devi fare, alla necessità più profonda che avverti. Quella di tornare al centro del tuo mondo. Che poi è quello che ti ha spinto a fare Giacomo. Tornare te. Il sole del tuo Sistema solare. Affinché tutti gli altri pianeti possano ruotarti intorno prendendo il proprio posto.»

Osservo il disegno. In effetti quel puntino potrebbe essere un sole. Al centro.

«Quando entrerai nel pieno di te, accettando e concedendoti di essere al centro della tua vita, allora tutto fluirà e tutto si incastrerà come deve. Ti si formeranno i pianeti intorno e non sarai più sola. Quindi, Lara, questo è un passaggio fondamentale. Porta gratitudine a quello che ti sta succedendo.»

Chiudo gli occhi. E porto gratitudine. Ma sento un blocco alla bocca dello stomaco. Ci poso sopra la mano. È paura. Paura di non essere abbastanza. Paura che in realtà Giacomo mi abbia lasciata andare perché non sono abbastanza – e infatti la mia vita non sono riuscita a metterla a posto. L'ho frantumata, e ora mi sono rimasti i pezzi rotti. Lui se ne è accorto e non mi ha voluta. Perché non sono una donna giusta. Adeguata a quell'uomo lì. Che invece è molto giusto.

«Ho paura» dico. «Non ci riesco perché ho paura. Non sono abbastanza. Non sono giusta.» È la prima volta che nomino apertamente le mie grandi paure. Quindi forse quel puntino in mezzo al foglio è isolato perché non si sente abbastanza per stare con gli altri. Chissà.

Alma dice: «Da dove viene questa paura di non essere abbastanza, di non essere giusta? Da quanto è con te?».

Non devo neanche pensarci: «Da sempre».

«Quindi» insiste Alma, «appartiene alla tua te bambina? Ti sentivi così da bambina? Avevi paura di non essere abbastanza per essere amata? Di non essere giusta per essere amata?» Chiudo gli occhi. Ancora le mani sullo stomaco a sentire. Un groviglio. Una tormenta che si alza e che forma un tornado.

Sì. Lara vede se stessa bambina e sente la sua solitudine totale. Il suo unico amico un vermino, che poi è scappato, proprio perché Lara non si meritava qualcuno che l'amasse davvero. E proprio ora che ha trovato Giacomo, anche lui se n'è andato. Lacrime scendono. È doloroso quello che sta sentendo.

Alma la incoraggia ad andare avanti. A far parlare la ferita. A buttare fuori quello che deve uscire.

«Non trattenere. Lascia andare.»

Lara va, come aveva fatto grazie alla sua guida-torrente, appoggiata all'albero nel bosco. Va e lascia andare tutti gli imbrogli e gli incastri.

«Puoi ora prendere Lara bambina, guardarla negli occhi, abbracciarla, e dirle che ora ci sei tu? Che lei non è sola?»

Le parole di Alma toccano Lara profondamente. Si

immagina nella sua cameretta di quando era piccola. Vede il suo letto, la sua scrivania, la sua sedia, la finestra con la tenda bianca trasparente. Il tappeto bianco panna, e lì, seduta sul tappeto, la piccola Lara che sta giocando con la sua Barbie. Sta giocando da sola e sola si sente. Avrà l'età delle gemelle. Sei anni. I capelli tagliati a caschetto. La camicia con il collo ricamato. Il cardigan verde con i bottoni. La gonna a pieghe rosa. Le calze bianche e le ballerine nere ai piedi. Lara si avvicina a quella bambina sul tappeto, si inginocchia davanti a lei. Lara bambina alza lo sguardo e la vede. I loro occhi si incontrano. Lara vede gli occhi di lei bambina e vede la solitudine, e la paura di non essere abbastanza per essere amata. Lara bambina quasi non riesce a crederci che lei sia lì. È felicissima. Allora Lara le prende il visino tra le mani e le dice guardandola negli occhi: «Dolce Lara, sei così bella sei così bella e io ti voglio così tanto bene ti amo con tutto il mio cuore. Sono qui. So come ti senti. Ma tu non sei sola. Hai capito? Io sono qui per te sono qui con te e non ti lascerò mai più sola. Sono arrivata. Ce l'ho fatta. Ora sono qui. Con te».

La piccola Lara si spalanca in un sorriso e le lancia le braccia al collo. Lara piccola abbraccia Lara grande, così forte che la grande deve tenersi salda a terra. E lo fa. E tiene quella piccola bimba forte tra le sue braccia. Poi si guardano di nuovo, piene di lacrime e gratitudine l'una per l'altra. Lara, di nuovo: «Sarò sempre qui quando avrai bisogno di me, sarò sempre qui. Tu sei abbastanza, sei giusta così come sei. Non dubitarlo mai, cuore mio. Sei amata, sei protetta. Adesso ci sono io». Un ultimo abbraccio forte. Un saluto con la mano e Lara grande esce dalla sua stanza di bambina, con tutti i suoi profumi e i suoi colori.

Lara riapre gli occhi. Guarda Alma.

«L'ho fatto. Era lì che mi aspettava. È stato bellissimo.»

«Bene» dice Alma. E Lara si ricorda di Giacomo.

«Senti ancora di essere sola?»

«No» Lara sorride.

«La madre riceve il dono divino di generare le sue guide. Le tue bambine sanno, le tue bambine ti guidano. Così come ti guida la tua Lara bambina. Devi solo seguire. Fidarti. Ascoltare. Lasciarti andare. Così come hai fatto quando hai giocato con loro, così come hai fatto quando hai parlato loro dal cuore. Così come hai fatto quando hai seguito i segnali degli uccelli, gli uccelli simbolo della tua rinascita, del tuo risveglio e della tua libertà. E degli angeli. Che ti proteggono e non ti lasciano mai sola.»

Lara unisce le mani in preghiera davanti al cuore. Le viene istintivo. Vuole ringraziare e onorare quel momento, come ha fatto in Chiesa.

Alma risponde: «Il mio sé più alto saluta e ringrazia il tuo. Namasté». Lara china la testa, prostrandosi umilmente alla luce generata da quel risveglio.

Alma aggiunge un ultimo passaggio: «Sei nel percorso. Tante cose si apriranno per te, tante cose si riveleranno. Scenderai sempre più in profondità. Resta salda in quello che sai essere vero. Le tue bimbe e la te bambina, le tue guide. La natura è il tuo nutrimento. Non avere paura del buio perché sai che ti porta alla luce. La prima stella nel firmamento che segna l'arrivo della notte».

La lupa

L'ultima notte nella loro casa Lara e le bambine hanno ballato e riso così tanto che Lara si è quasi fatta la pipì addosso di nuovo. Deve assolutamente riprendere in mano il suo mula bandha, ha pensato tra le lacrime ricordandosi di quando si era quasi fatta la pipì addosso la prima volta che aveva incontrato Giacomo.

Le gemelle hanno riso, ballato, e poi stanchissime si sono addormentate nella fortezza che avevano costruito con i cuscini tra le scatole. Lara le ha coperte e le ha baciate sulla fronte. Poi ha fatto un ultimo check prima del trasloco di domani. E ha passeggiato per un'ultima notte in quella casa ascoltando il suo cuore rimbombare tra le mura.

Quante cose abbiamo vissuto qui dentro. In questa casa ho costruito. Ho demolito, ho nuotato tra le macerie, sono quasi affogata, e poi dalle macerie rinata. Questa casa ha le impronte della mia anima.

Lara si siede in mezzo al soggiorno dove era quasi morta e poi aveva goduto con ardore per l'uomo sbagliato. Tutte le sue vulnerabilità gettate lì come semi. Ed eccola dritta e forte come se da quei semi le fosse cresciuto dentro un piccolo arbusto, la colonna portante del suo tempio.

Lara chiude gli occhi e ripercorre tutte le tappe della sua esperienza di vita in quella casa. Immagini che aveva dimenticato, che per qualche motivo aveva infilato in un cassetto dei ricordi di cui poi si era scordata. E invece eccoli riaffiorare, tutti quei ricordi felici. Quando si erano amati. Quando erano stati famiglia. Perché lo erano stati. E forse lo erano ancora, solo che ora famiglia era diverso. La fine del matrimonio non cancellava la verità. E la verità aveva tanti lati, tante forme, tanti colori, tante sfumature.

Lara unisce le mani in preghiera davanti al cuore e si inchina alla sua casa. Grazie, pensa e dice. E lo sente profondamente, in ogni cellula del corpo.

Notte

Notte, buio profondo, tra gli alberi intravedo lei, la luna, è piena, grondante di luce. Sto camminando, sento il mio affanno, non vedo bene. Avverto il rumore dei passi. Piedi nudi su foglie. L'affanno si fa più intenso. Ho paura. E poi lo sento. L'ululato che squarcia la notte. Un ululato fortissimo. Disperato. Affretto il passo. Non c'è tempo. Devo sbrigarmi, più veloce, forse è troppo tardi. Allora corro. Il cuore batte come un tamburo, un tamburo nella notte buia, i miei passi più veloci al ritmo del cuore della notte. La luna illumina e chiede aiuto. Sento che devo affrettarmi ancora di più. E poi l'ululato di nuovo, questa volta vicino, accanto a me. Mi giro e la vedo. La lupa. Ulula forte, disperata. E poi ringhia. Davanti a sé lo sguardo che non teme di odiare. Ringhia, i denti fuori, ringhia, non ha paura di usarli. Guardo davanti, nella direzione dello sguardo della lupa. Quella bellissima lupa. Mi sento profondamente parte di lei, sono lei. Io. La lupa. E la luna sopra, sono luna e lupa. E poi. Guardo davanti e vedo corpi a terra di donne. Sono tutte mie sorelle. E non stanno dormendo. Sono state ammazzate.

Sangue ovunque di sorelle morte. La lupa e io e la luna siamo arrivate tardi.

Suona la sveglia. Dove sono? Cosa sto facendo? Poi piano piano torno alla realtà. Oggi è il giorno del trasloco. Devo alzarmi, essere presente. Eseguo. Ci sono. Ormai so esserci. Vado in bagno, mi lavo la faccia, e mi preparo per quel capitolo che finisce e per quello nuovo che inizia.

Via libera

Il camion dei traslochi è pieno. Tutte le scatole colorate sono state accatastate l'una sopra l'altra, i traslocatori hanno fatto un sacco di complimenti alle bimbe per i loro disegni bellissimi.

«Quanto ci piacerebbe trovare disegni così su tutti gli scatoloni che dobbiamo trasportare» dicono ad Alice e Alina. «Magari potreste proporvi voi... Se voleste, avreste già trovato un lavoro.» Le bambine ridono divertite, e anche un po' orgogliose. Non capiscono se quei signori siano seri o se stiano scherzando.

Lara è grata della gentilezza dei traslocatori che rendono quel momento leggero, perché uscire non è facile, salutare non è mai facile, lasciare andare richiede uno sforzo. Sally e le bimbe rimangono nel giardino del condominio a giocare a nascondino, mentre Lara sale su a controllare che davvero sia stato preso tutto prima di dare il via libera.

Lara si guarda in giro. La casa è diversa, sembra vulnerabile anche lei. Le era sempre sembrata una casa priva di dubbi e invece ora si mostra nuda. Lara si guarda intorno, è tutto vuoto, non è rimasto nulla, e poi qualcosa coglie la sua attenzione. Per terra in soggiorno è rimasto un libro. Lara si avvicina. *Donne che corrono coi lupi*, Clarissa Pinkola Estés. È il libro che le aveva regalato Nora a Natale, pregandola di leggerlo. È curioso che proprio quel libro sia finito per terra. Sarà accaduto quando i trasportatori hanno sollevato il tavolino su cui era poggiato ormai da quasi un anno.

Lara lo guarda. La lupa in copertina che ulula. Immagini del suo sogno riaffiorano alla memoria. Vede la lupa disperata che digrigna i denti ululando contro chi ha sterminato le sue sorelle. Lei non conosce quella storia ma la vede come se fosse un ricordo a lei appartenuto. Che strano. C'è qualcosa lì. E sa che deve ascoltare. Infila il libro nella borsa. Va alla porta. Un ultimo sguardo. L'ultimo volo dei suoi occhi in quella casa. Ed esce.

La voliera

L'arrivo nella casa nuova è caotico. Traslocatori che vanno e vengono, scatole che si ammassano. Lo spazio è più piccolo, e poi arrivano i mobili che creano ancora più confusione. Per sera Lara è riuscita a mettere il divano nuovo in soggiorno. È un divano bellissimo, che le bimbe subito adorano. Un divano bianco, morbido, a U. I lettini delle bimbe verranno consegnati nei prossimi giorni. E anche il letto di Lara. Quello vecchio è stato venduto e quello nuovo arriverà. Quando Lara dice alle bambine che dovranno dormire sul divano tutte e tre viene accolta da un grido di gioia.

Sally la aiuta a scartare gli utensili della cucina e a metterli al loro posto. È la prima volta che la tata si apre con Lara. Appena entrata in casa si è sciolta in un sacco di complimenti, sembra sentirsi più a suo agio che in quella vecchia. Lara rimane colpita. Felicemente colpita.

Arriva sera. Sally è rimasta fino all'ultimo ad aiutarla. Ha preparato un panino per le piccole per cena, le ha lavate e pigiamate trovando tra le valigie le loro cose, e poi ha salutato. Ora le tre sono da sole in casa. Lara può finalmente fermarsi e godersi quel loro spazio insieme.

Si siedono fuori in terrazzo, Nora le ha lasciato il tavolo bianco con le sedie bianche e la pergola bianca con le tende, che Lara ha chiuso con un fiocco. E i vasi con i fiori.

«Allora bimbe, cosa ve ne pare?» chiede, e poi in un flash si ricorda del regalo di Giacomo. Va in camera e ne esce con la bellissima voliera tutta spacchettata.

«Ecco bimbe, questa è per voi, la mettiamo in questo terrazzo bellissimo, così tutti gli uccelli potranno venire a bere e a mangiare. È un hotel di super lusso, c'è pure la piscina.»

Le bimbe corrono dalla madre a guardare la voliera.

«È bellissima. Mamma, grazie, dove l'hai trovata? La attacchiamo lì?» Parlano una sopra l'altra emozionate di avere una voliera così bella.

Lara si ricorda di quando pensava di averle perse e invece le aveva ritrovate grazie alle piume di uccello che l'avevano condotta a loro. E le aveva viste accovacciate davanti ai piccioni. Loro amavano gli uccelli. Come aveva fatto Giacomo a saperlo? Entrambi i loro nomi Lara li accorcia spesso in Ali, le ali di uccello, e solo ora se ne accorge: le bimbe sono piccoli uccellini che imparano a volare, libere di essere se stesse. E così lei. Perché non è mai troppo presto, né troppo tardi.

Le due Ali trovano il posto giusto per la voliera. Lara si sente forte e centrata mentre pianta il suo primo chiodo della sua nuova vita in quella nuova casa. Appende la voliera. Insieme alle sue bimbe riempiono la piscina e mettono pezzettini di pane per gli uccelli. La porta della voliera è aperta.

La notte è profonda, ormai, si è fatto tardi. Alina e Alice sbadigliano. Sbadigli grossi che rilasciano tutta la tensione, l'emozione e l'eccitamento della giornata. Lara le prende sotto le sue ali e le sdraia sul divano, accarezzandole entrambe. Una con la mano sinistra e l'altra con la mano destra. Le due bimbe ai suoi lati piano piano chiudono gli occhi mentre lei racconta la storia di un bosco magico, e dei folletti, e delle fate che vi abitano. E di una casa bellissima che ospita tutti gli uccelli, insieme a tutti gli animali della foresta.

Le bimbe dormono.

Lara si alza.

Va in terrazzo.

Si siede sulla sedia bianca di legno a guardare la notte. Una stella luminosa le brilla davanti. Lara sorride e respira.

Un bel respiro profondo. La stella che brilla nel cielo. Che non ha paura di portare la sua luce nel buio.

Guarda la voliera con la porta aperta.

E poi. Lo sente. Un ululato nella notte antica.

Ringraziamenti

Grazie.

La parola più bella che c'è. Quella che ci tiene ancorati nella nostra esperienza di vita, che non ci fa prendere il volo sradicati nello scontato. Perché quando le cose iniziano a essere scontate è tutto finito. E invece il Grazie ci tiene accesi.

Dunque...

Grazie a Rossella, perché il suo è stato il primo sì che ha ricevuto Lara.

Grazie a Matteo, Iresha e Gabriele, perché sono loro che mi hanno spinta a crederci e a dirmi di sì.

Grazie a Cristina, perché è da sempre la mia spalla, sorella d'anima. Grazie a Valeria, la mia indigena, perché la maggior parte di queste parole sono state scritte nella «nostra» baita accanto al fiume-donna che nutriva. Grazie a Nina, grazie ad Anna, a Lavinia, a Suzanne, ad Ana, e a tutte le donne che mi hanno ispirata con il loro coraggio nel far fronte ai loro fallimenti con la saggezza di chi sa che sbagliare è l'unica via al sé.

Grazie alla donna delle donne, mia madre Mary Ellen,

da sempre esempio di resilienza e forza. E a mia nonna Marguerite, che oltre al nome mi ha lasciato la consapevolezza di essere forte, lei che me lo ha ricordato sul letto di morte, la nonna pioniera tra le praterie senza niente che poi ha trovato tutto.

Grazie ai miei fratelli, AJ, Andre e Tiziano. Fratelli essenziali per la crescita sana e forte.

Grazie poi alla persona che mi ha accompagnato in questo viaggio, con la sua presenza perfetta, la mia cara Alessandra.

Grazie ai miei figli sempre. La mia spinta vitale a crescere ed evolvermi.

Finito di stampare nel mese di settembre 2024
per conto di RCS MediaGroup S.p.A.,
da Rotolito S.p.A., Via Sondrio, 3, 20056 Pioltello (Milano)
Printed in Italy